이 책은 점잇기 책입니다

강아지와 고양이편

한백 지음

차례

강아지 그리기

고양이 그리기

Bonus

이 책을 알차게 즐기는 방법!

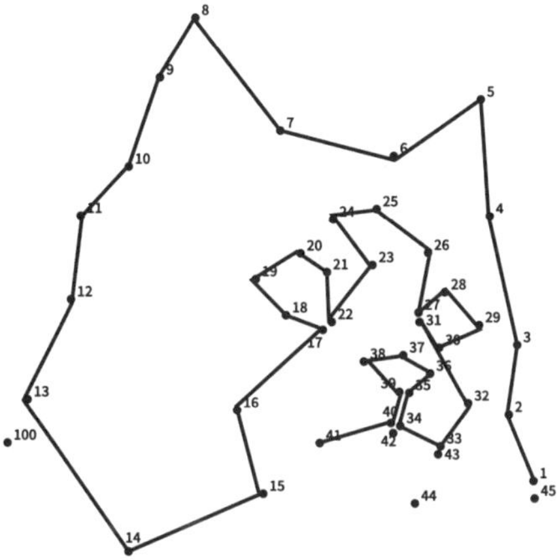

1.번호대로 연결을 하면
그림이 완성되요

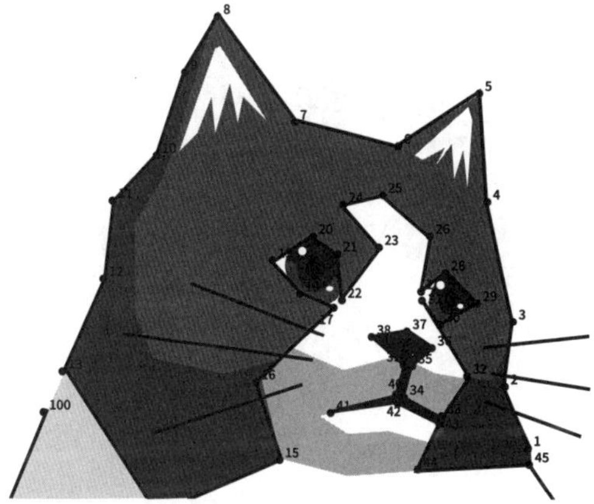

2.자신만의 방법으로
그림을 색칠해요

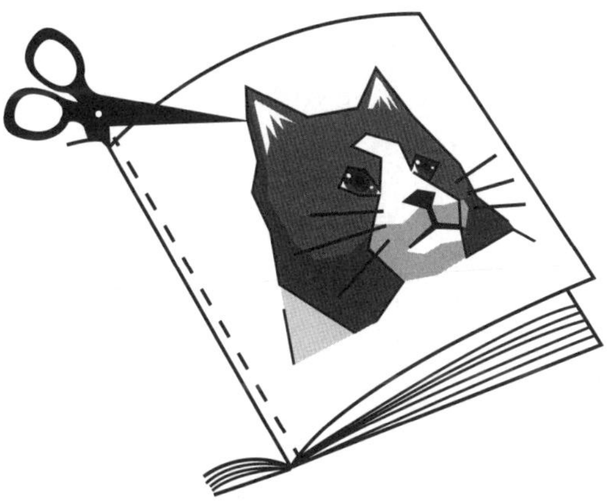

3.점선을 따라 잘라서
원하는 곳에 장식해요

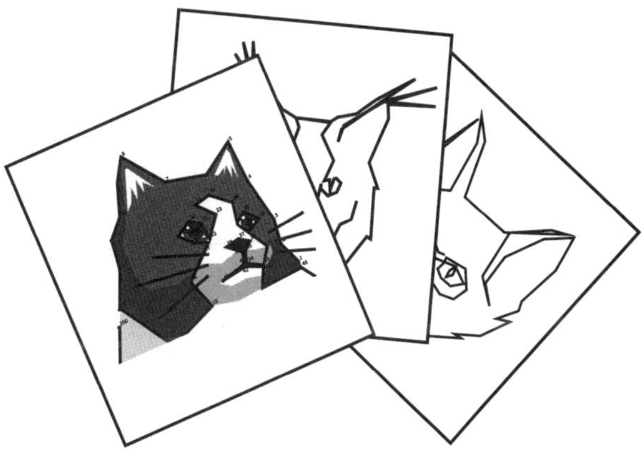

4.누가누가 더 빨리
그림을 다 연결할까요?

01

강아지 그리기

프렌치 불도그

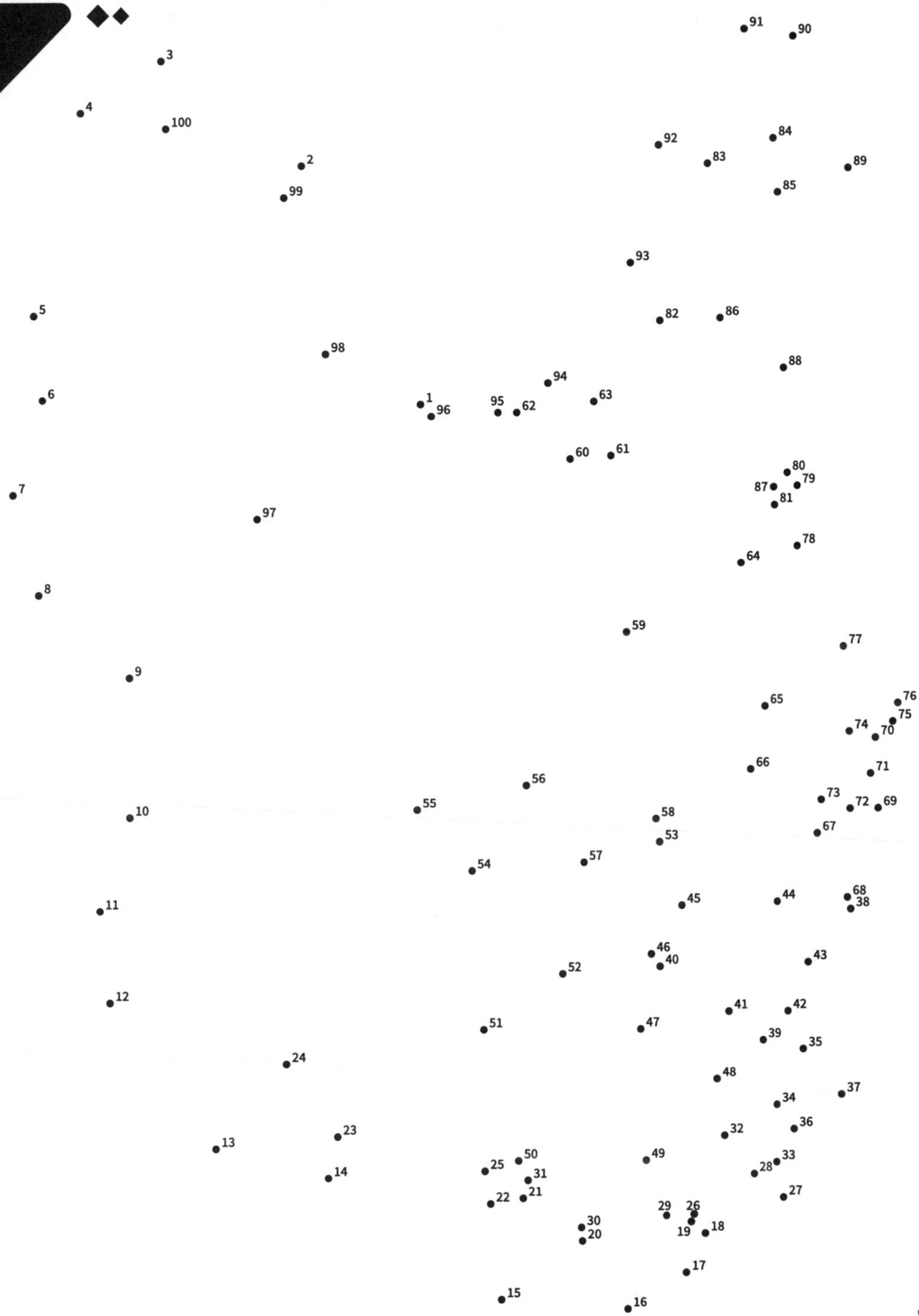

푸들

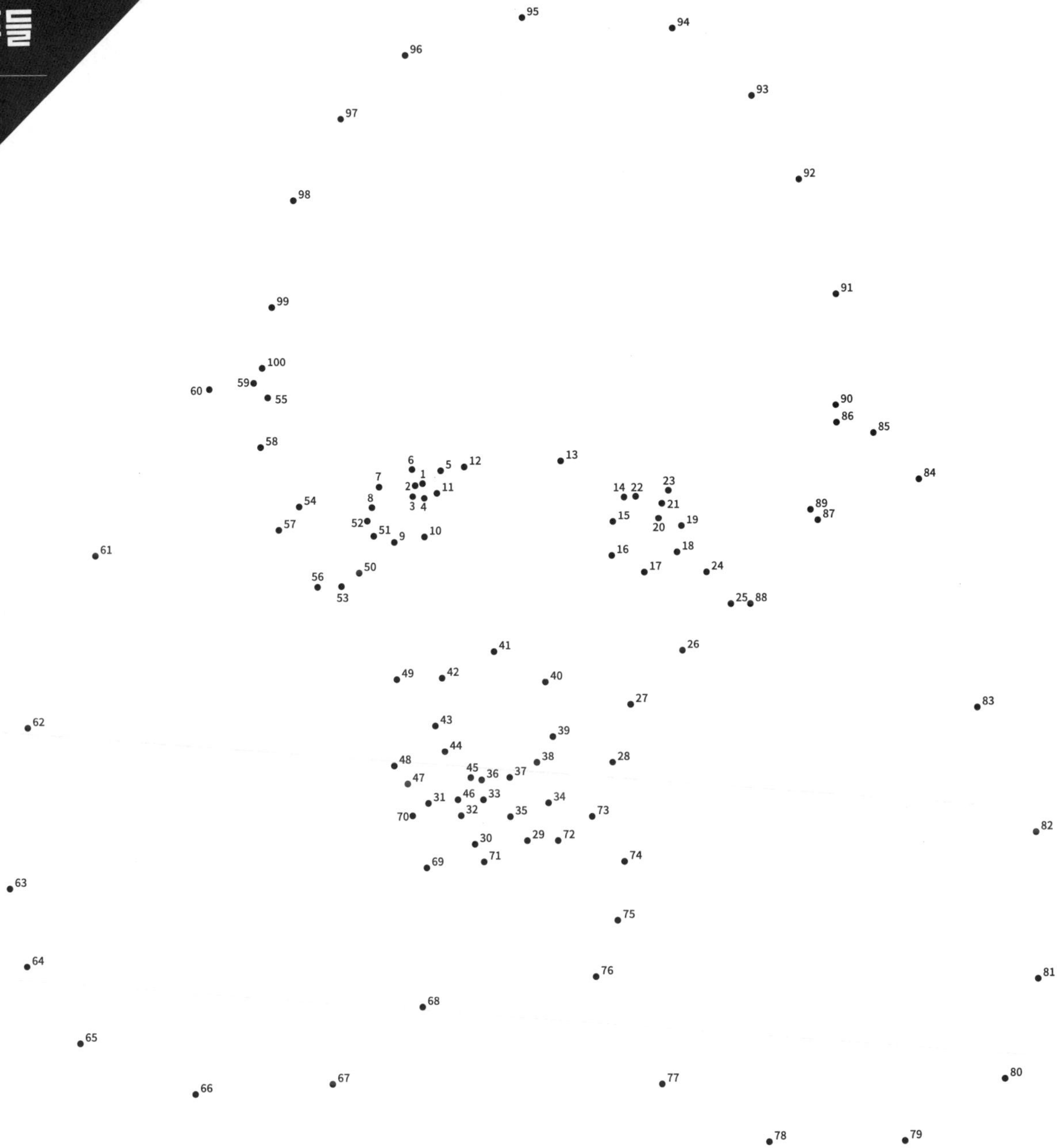

시츄

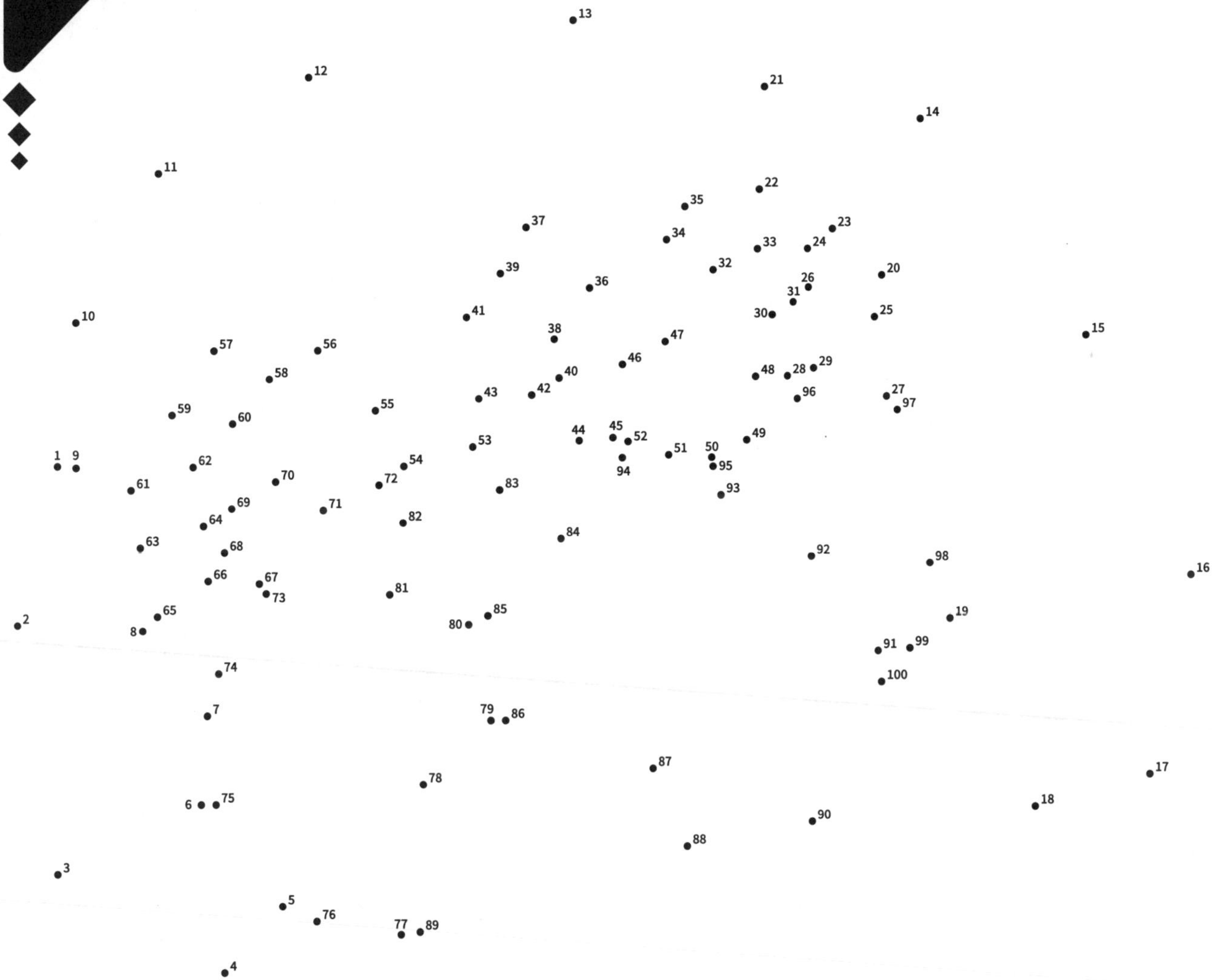

비숑 프리제

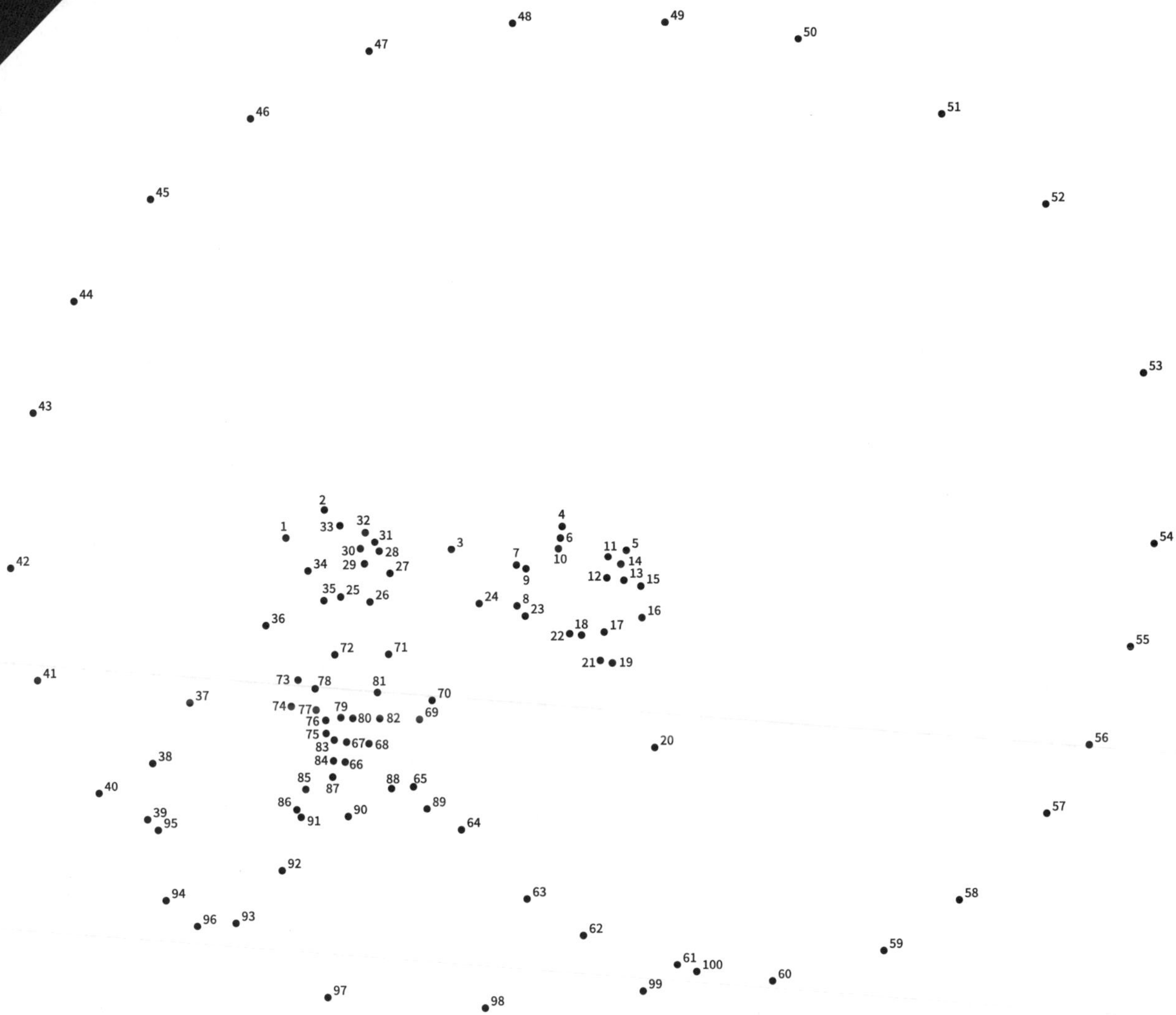

치와와

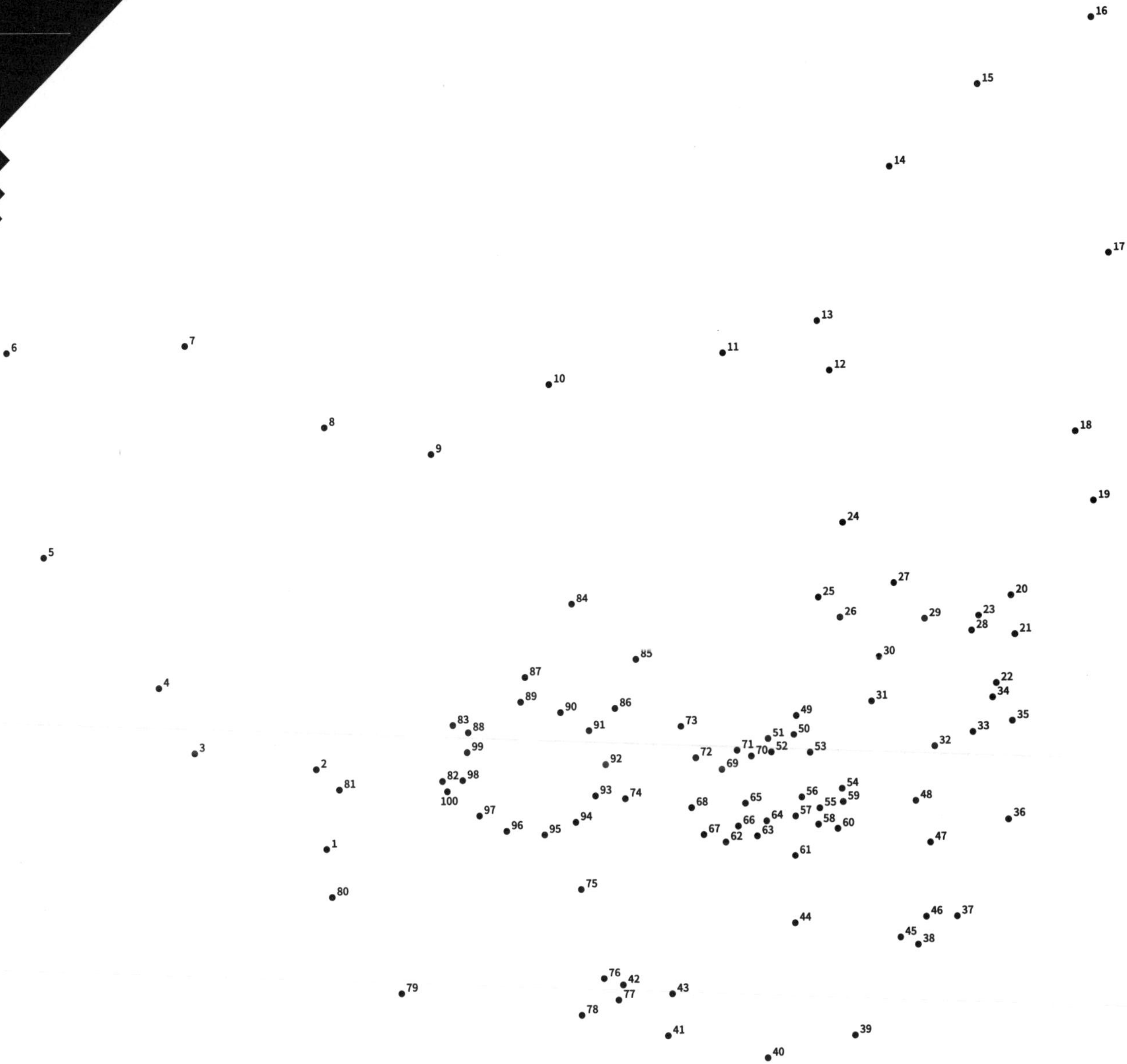

몰티즈

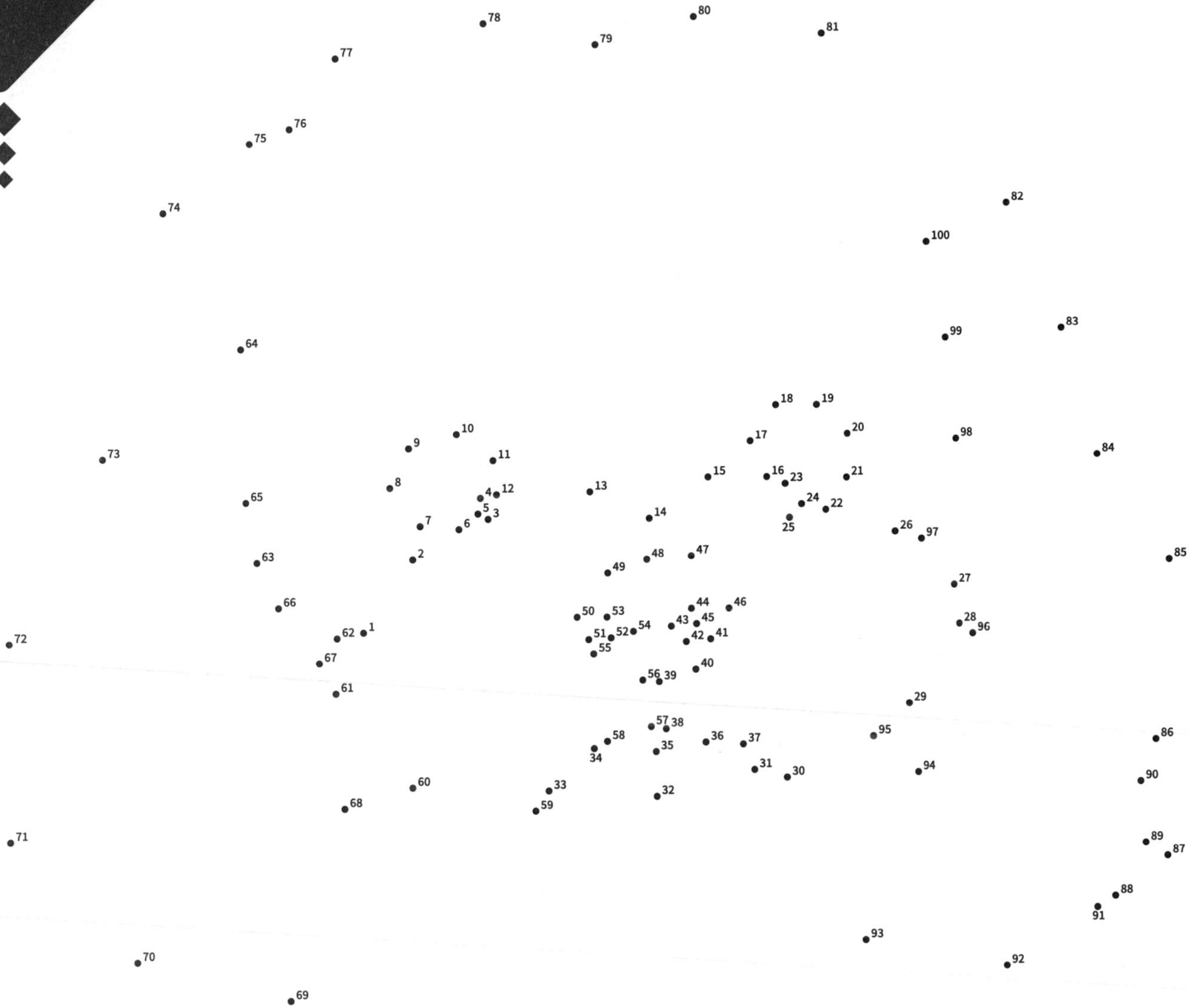

요크셔 테리어

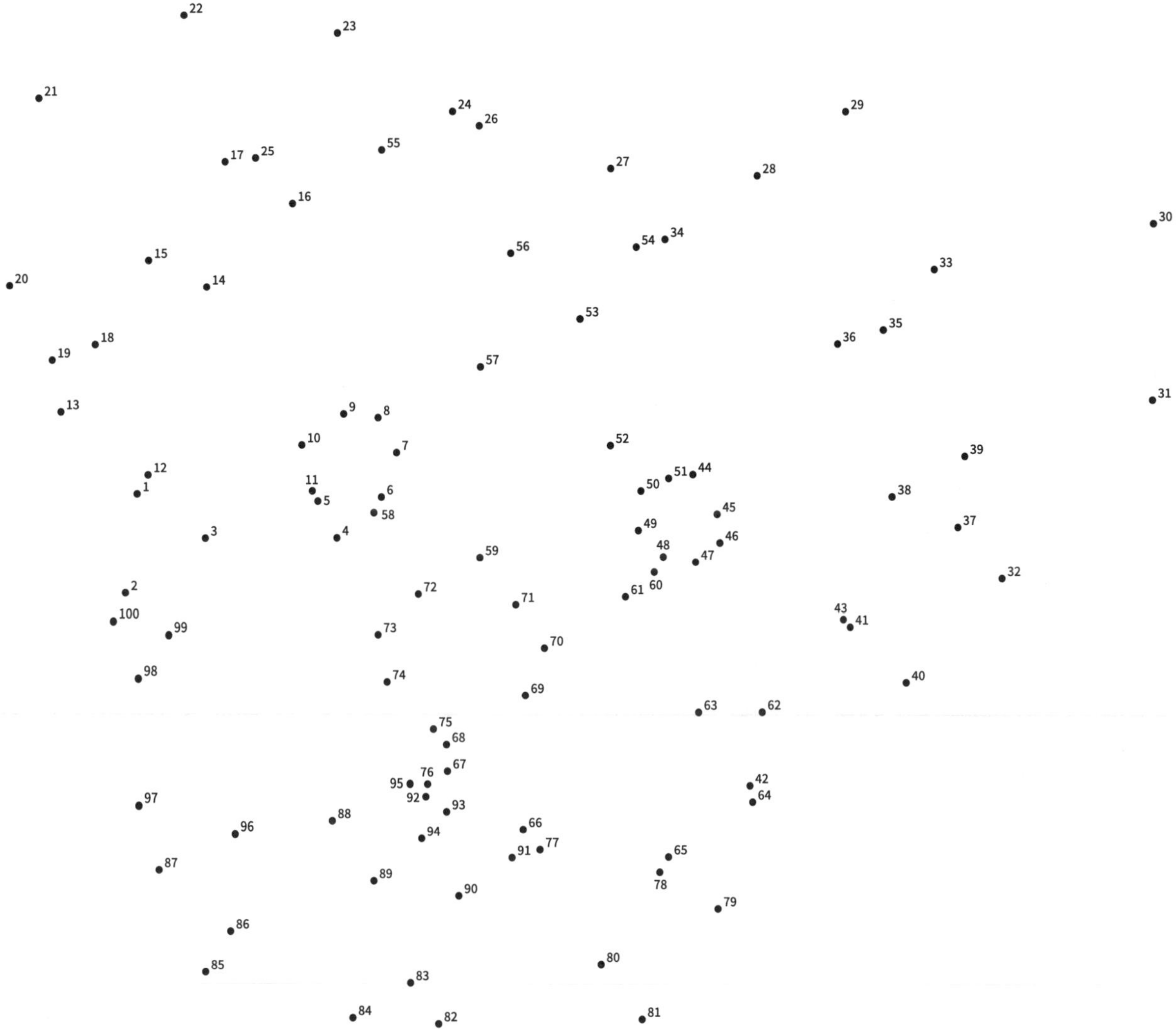

웰시코기

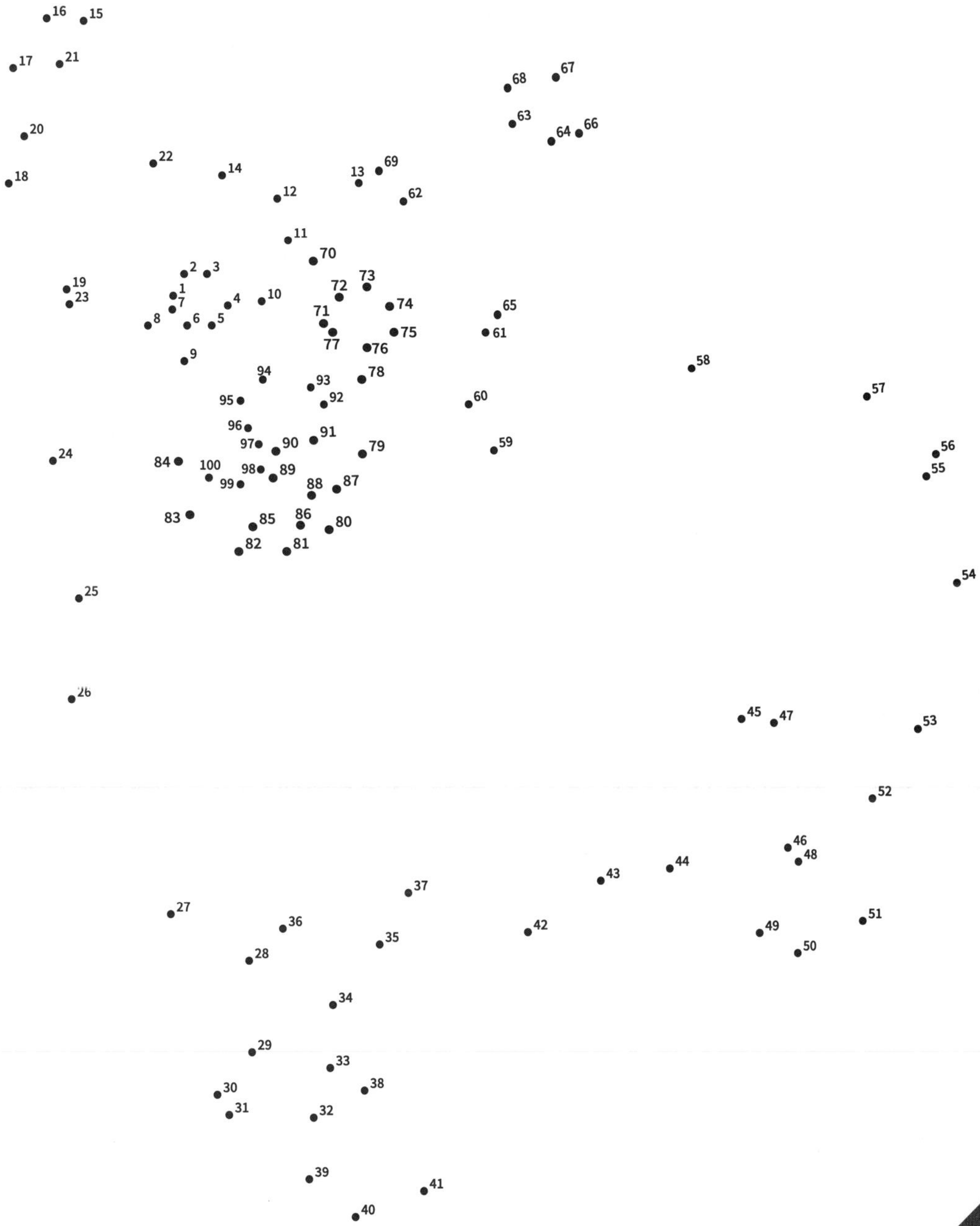

불테리어

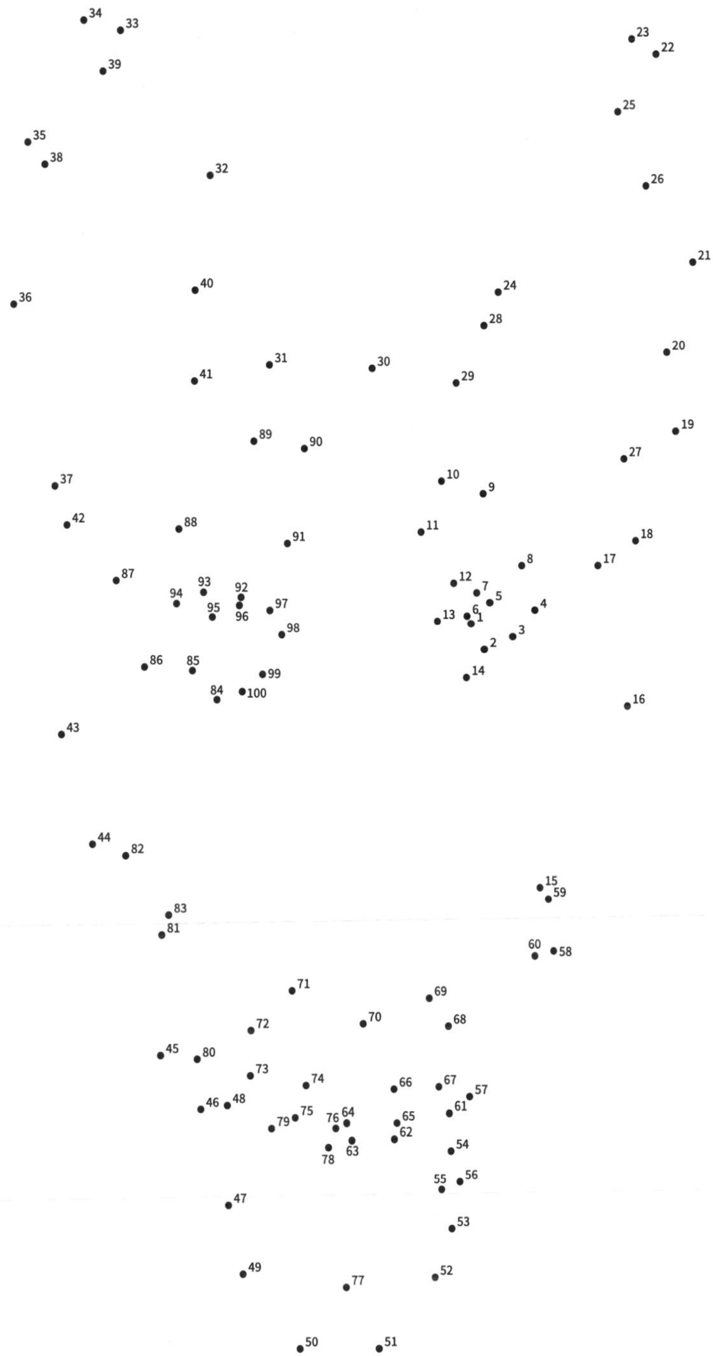

슈나우저

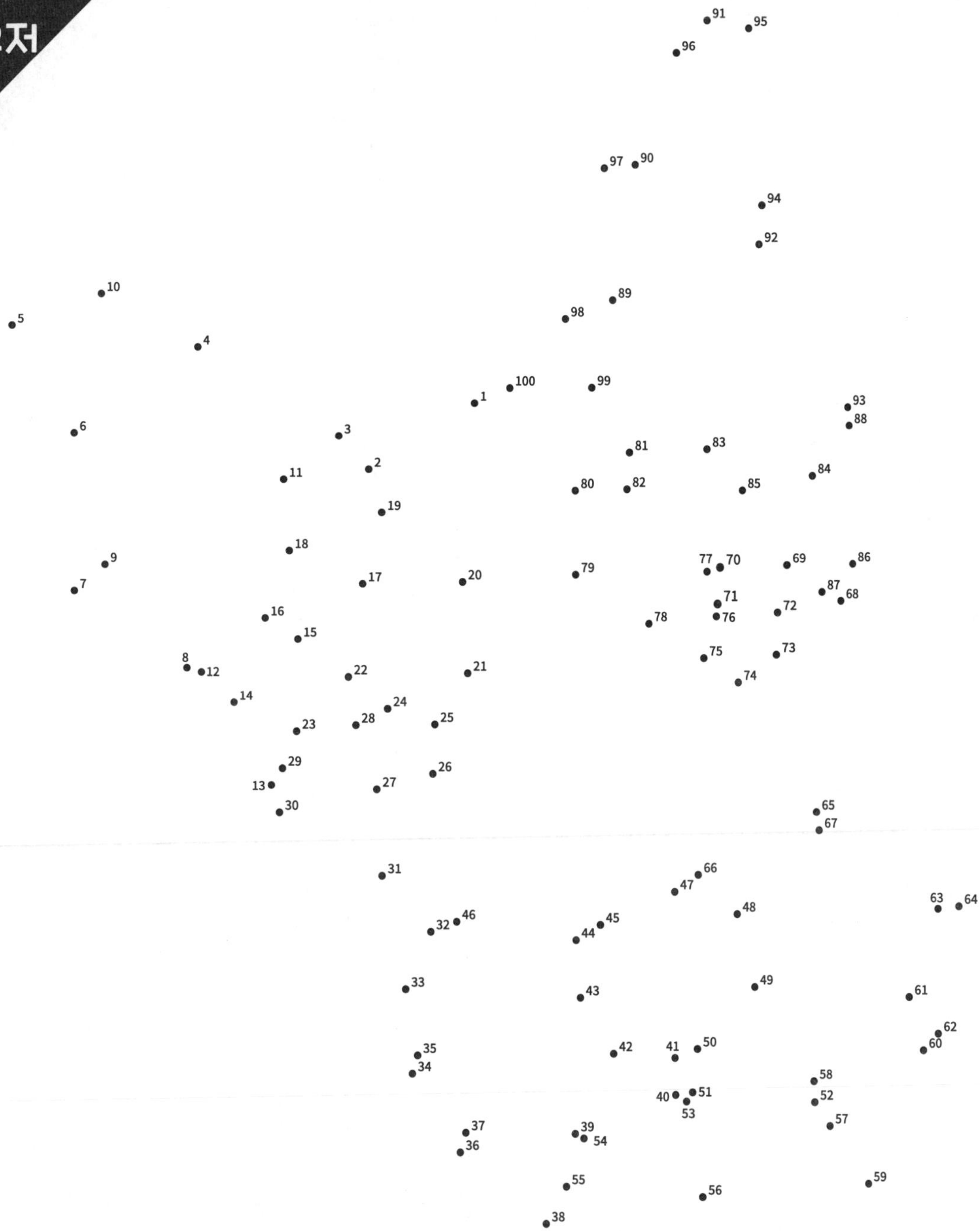

비글

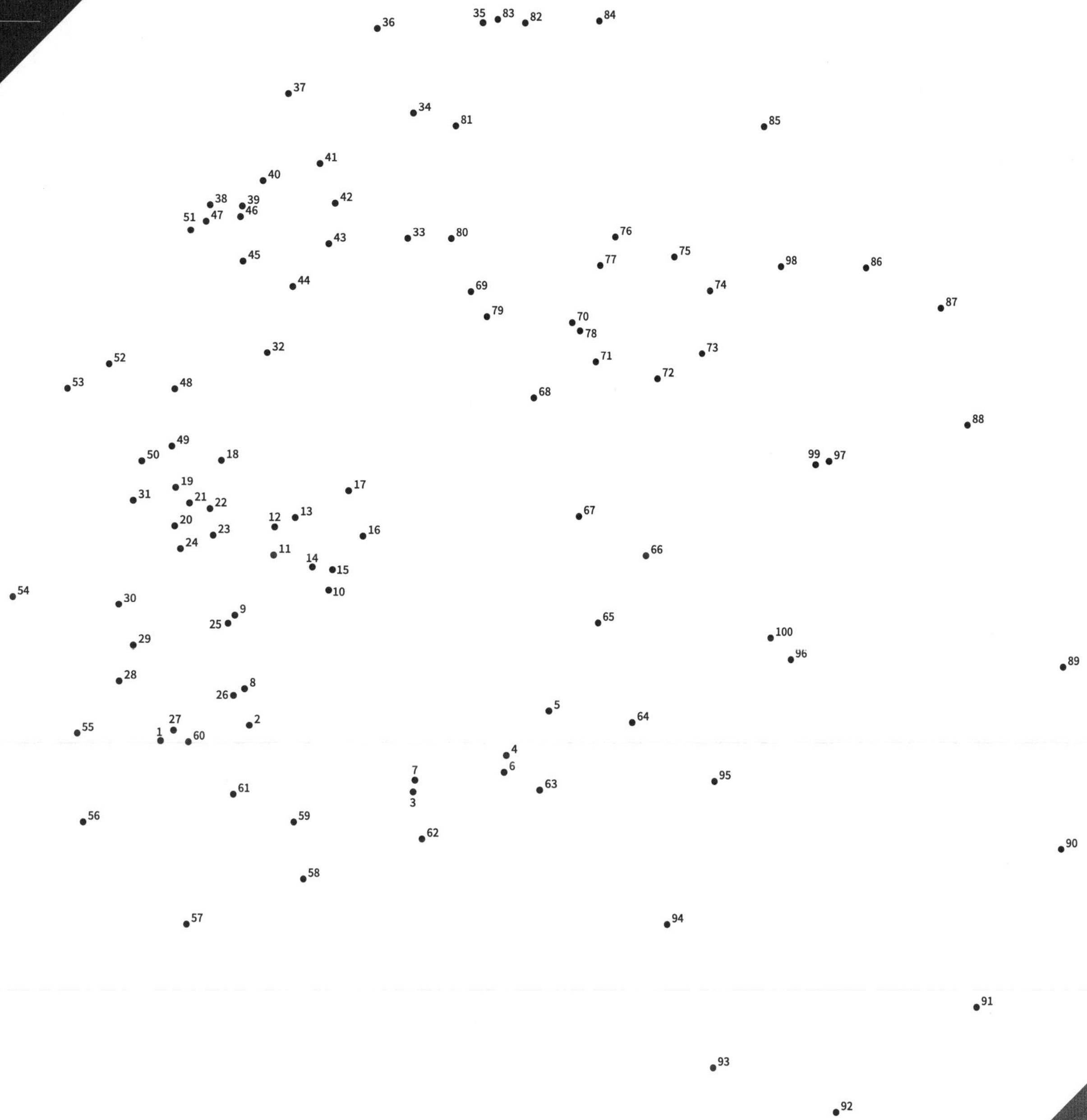

진돗개

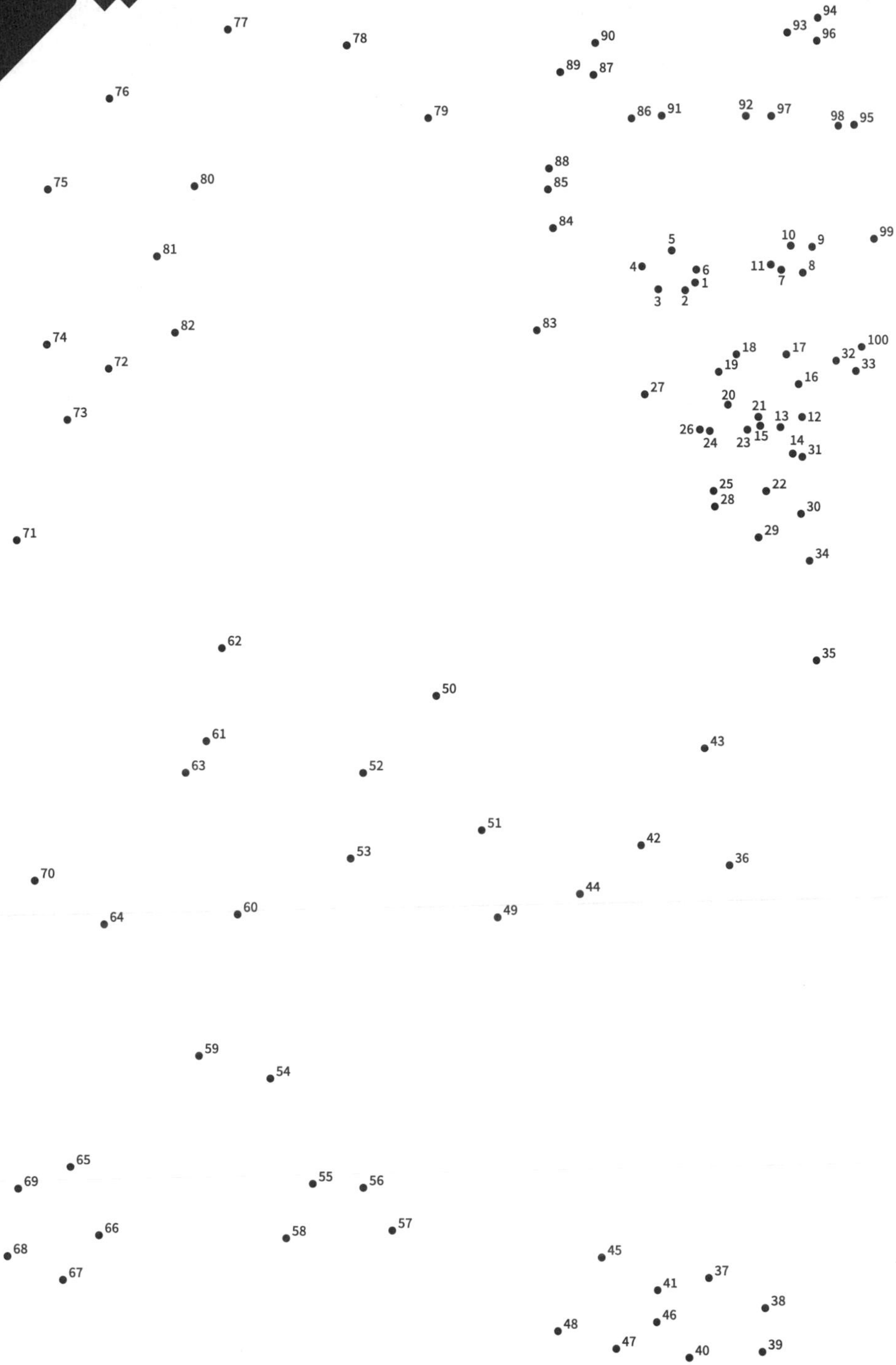

베들링턴 테리어

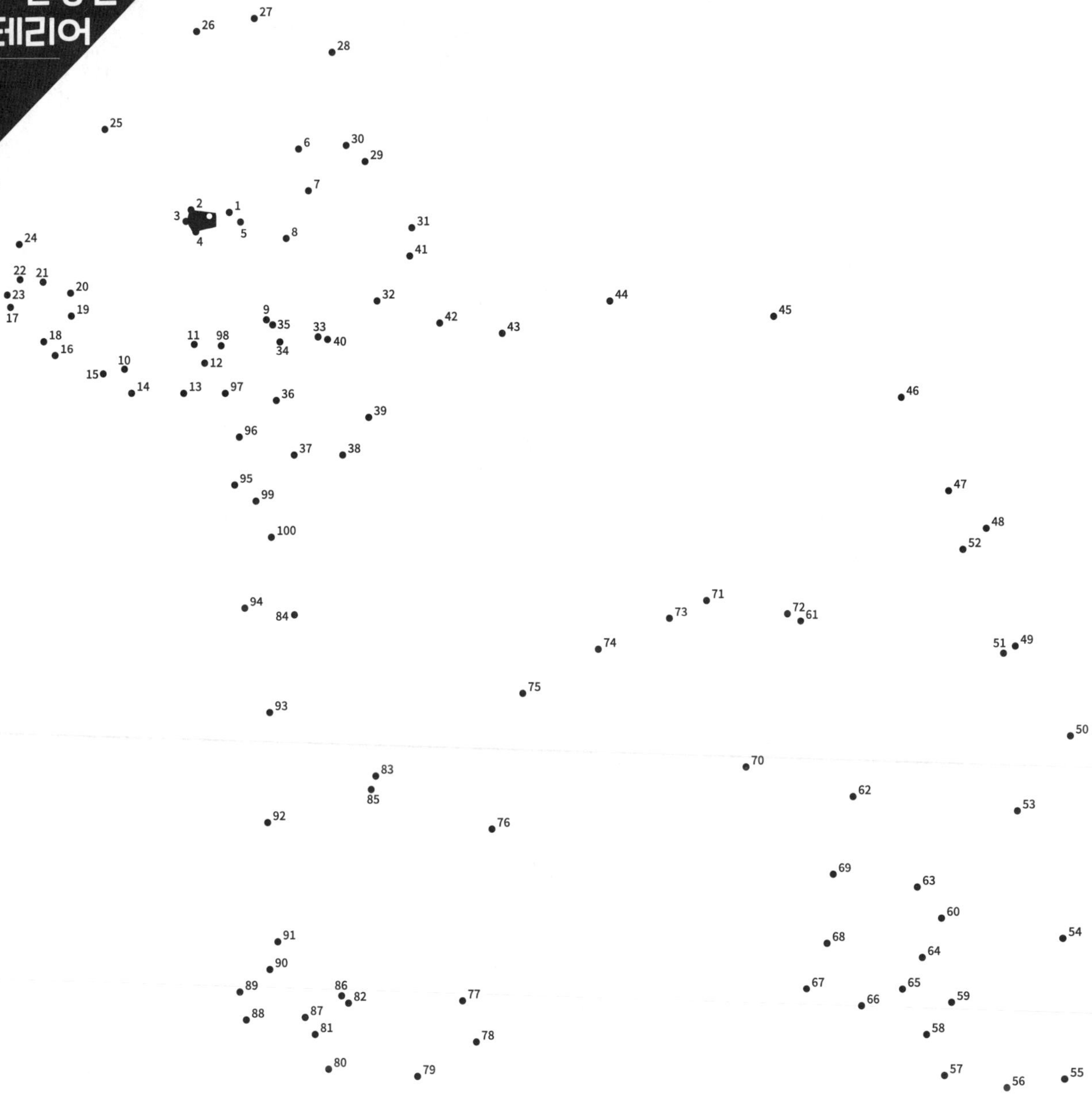

닥스훈트

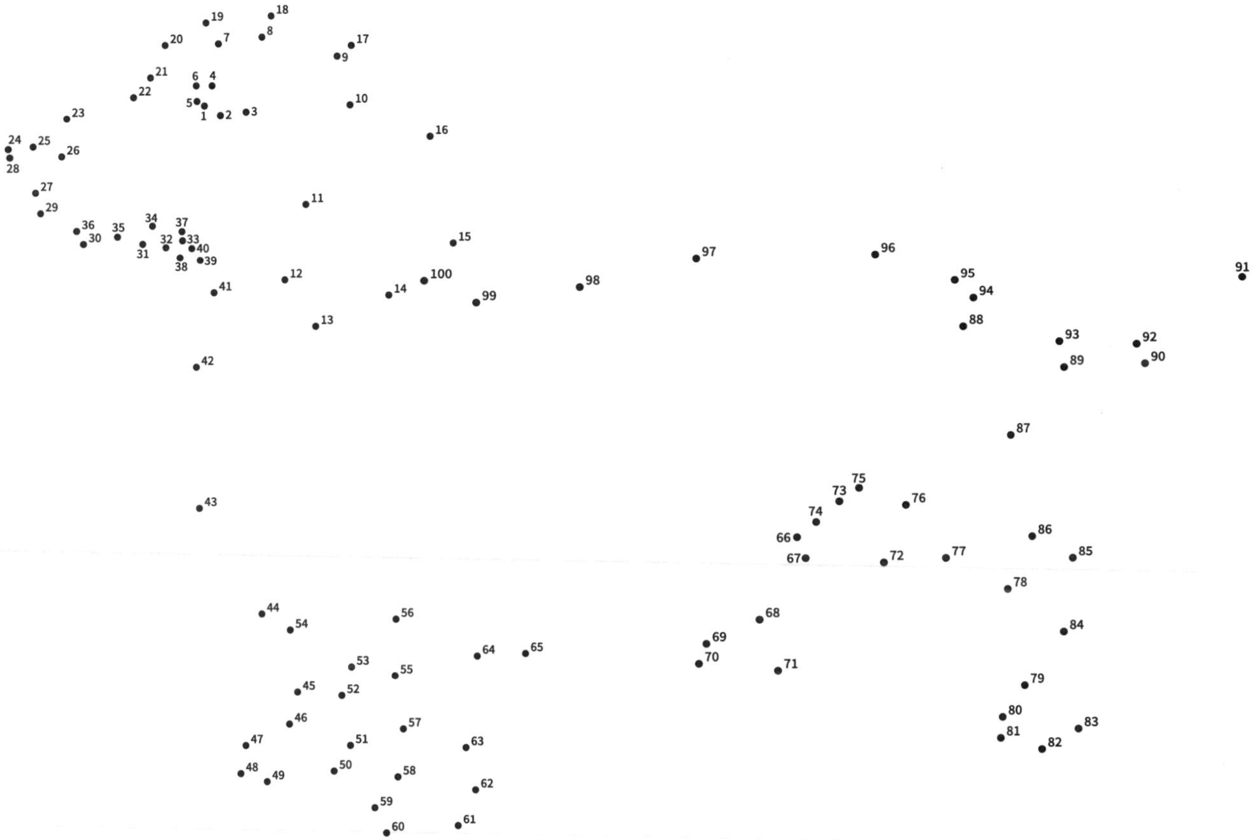

그레이 하운드

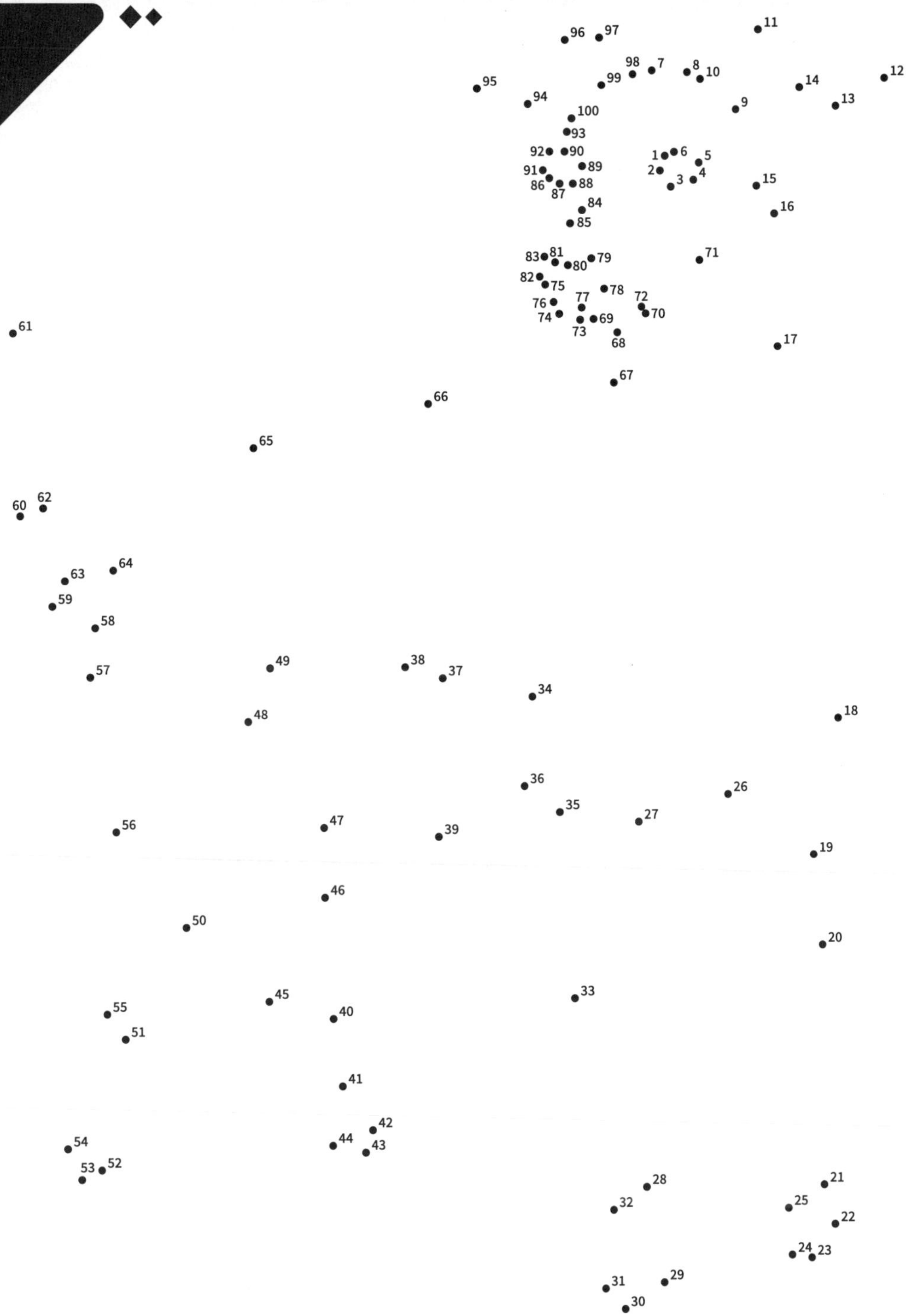
1
2
3
4
5
6
7
8
9
10
11
12
13
14
15
16
17
18
19
20
21
22
23
24
25
26
27
28
29
30
31
32
33
34
35
36
37
38
39
40
41
42
43
44
45
46
47
48
49
50
51
52
53
54
55
56
57
58
59
60
61
62
63
64
65
66
67
68
69
70
71
72
73
74
75
76
77
78
79
80
81
82
83
84
85
86
87
88
89
90
91
92
93
94
95
96
97
98
99
100

퍼그

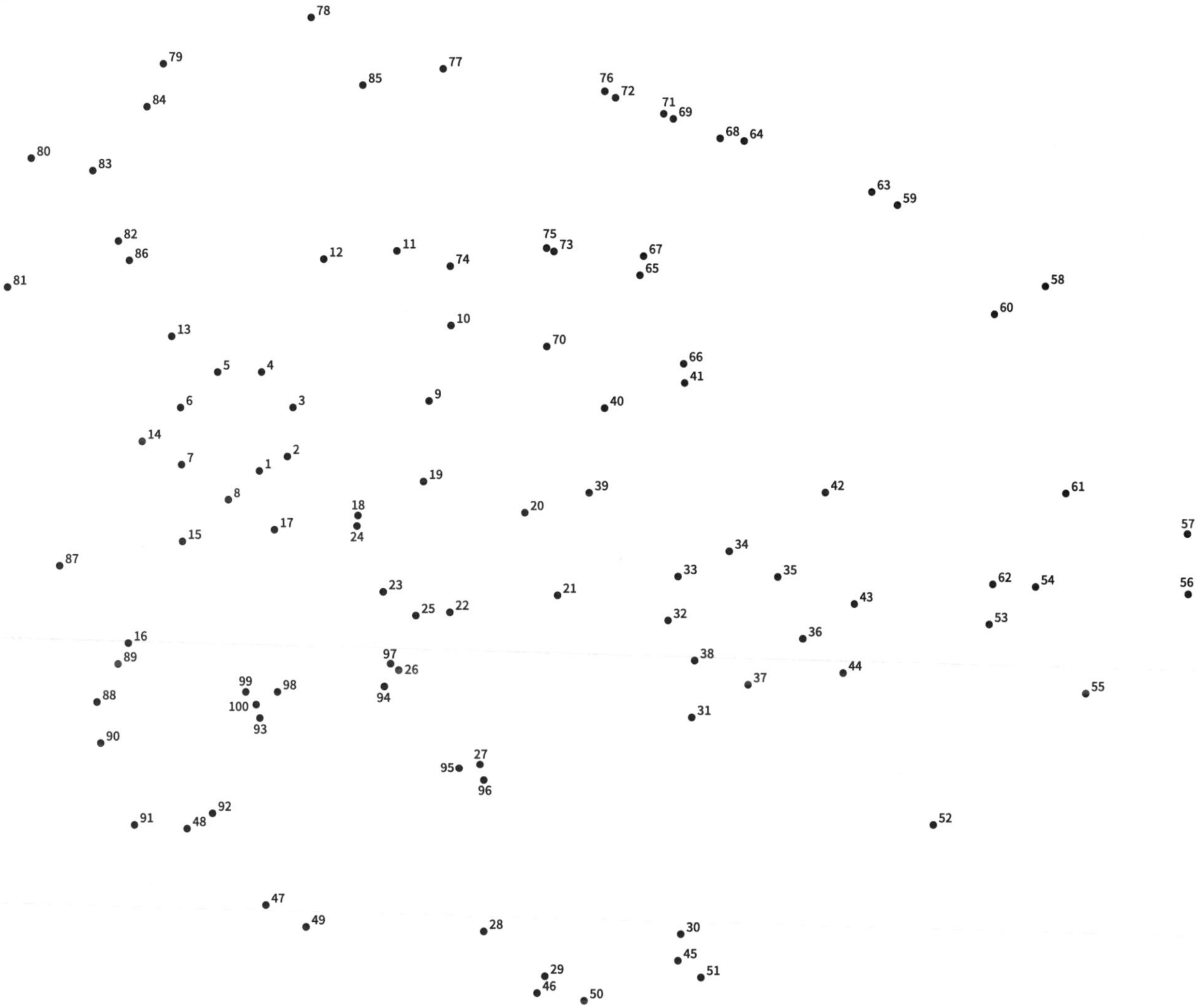

달마시안

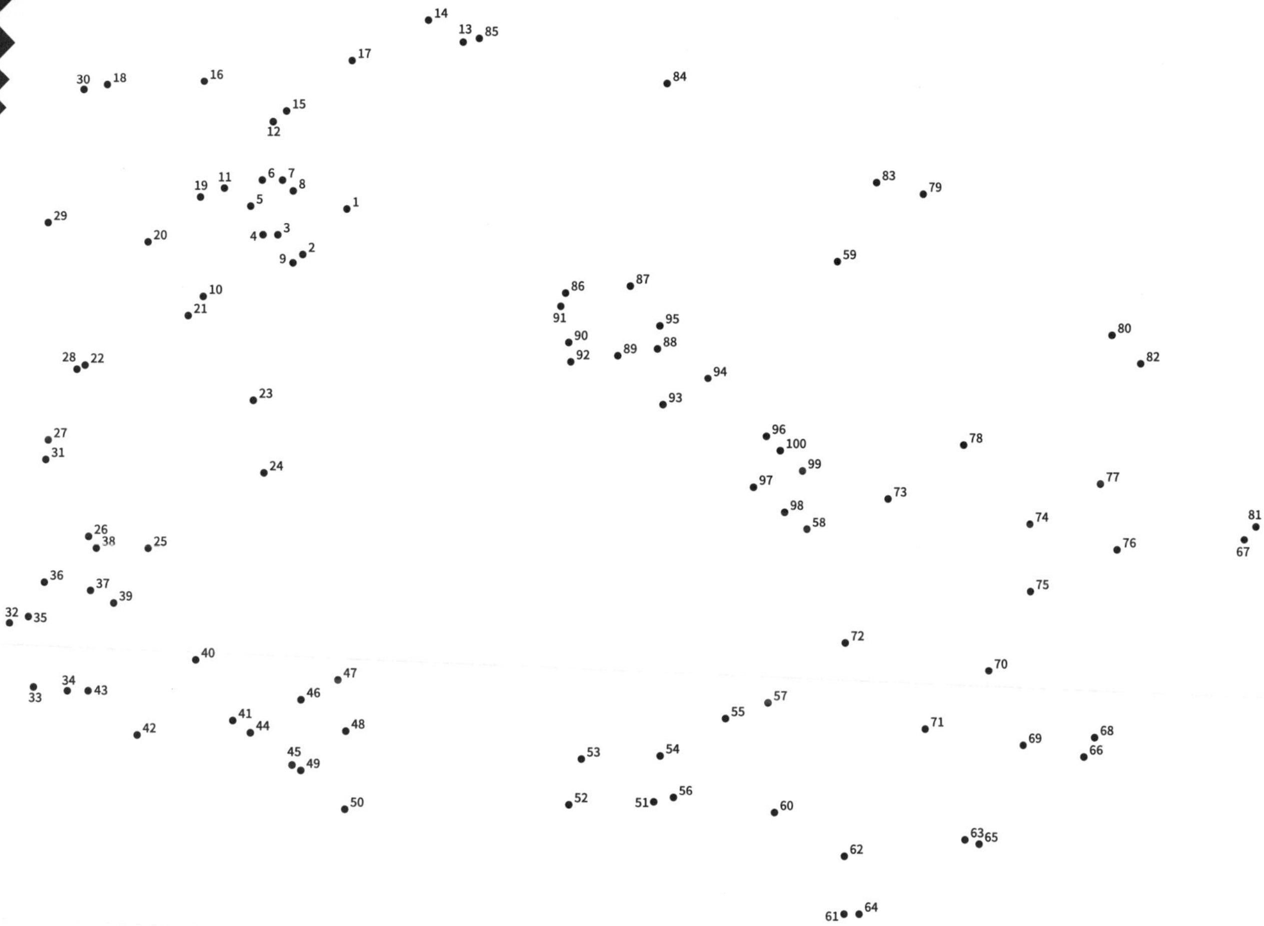

보더콜리

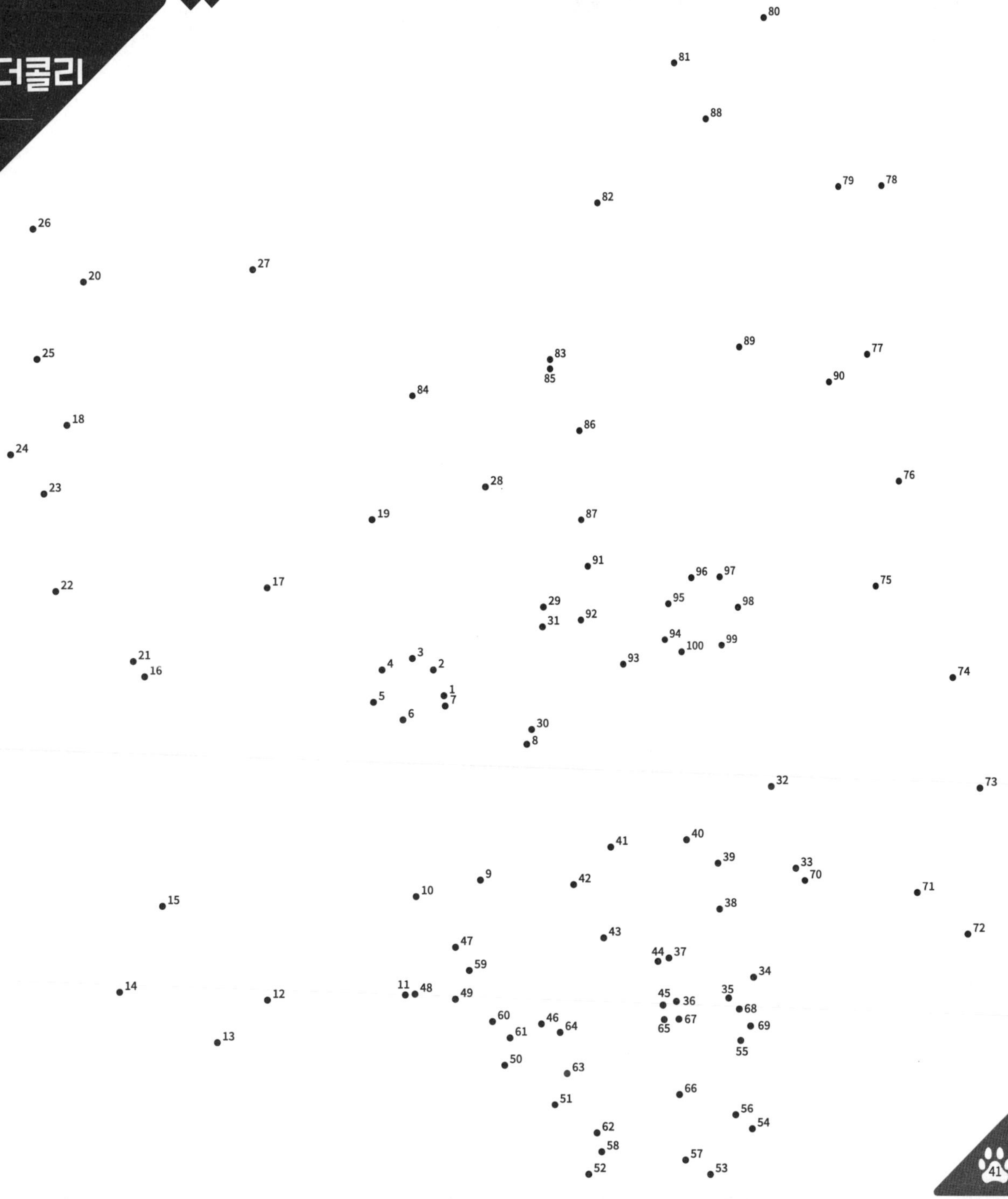

시베리안 허스키

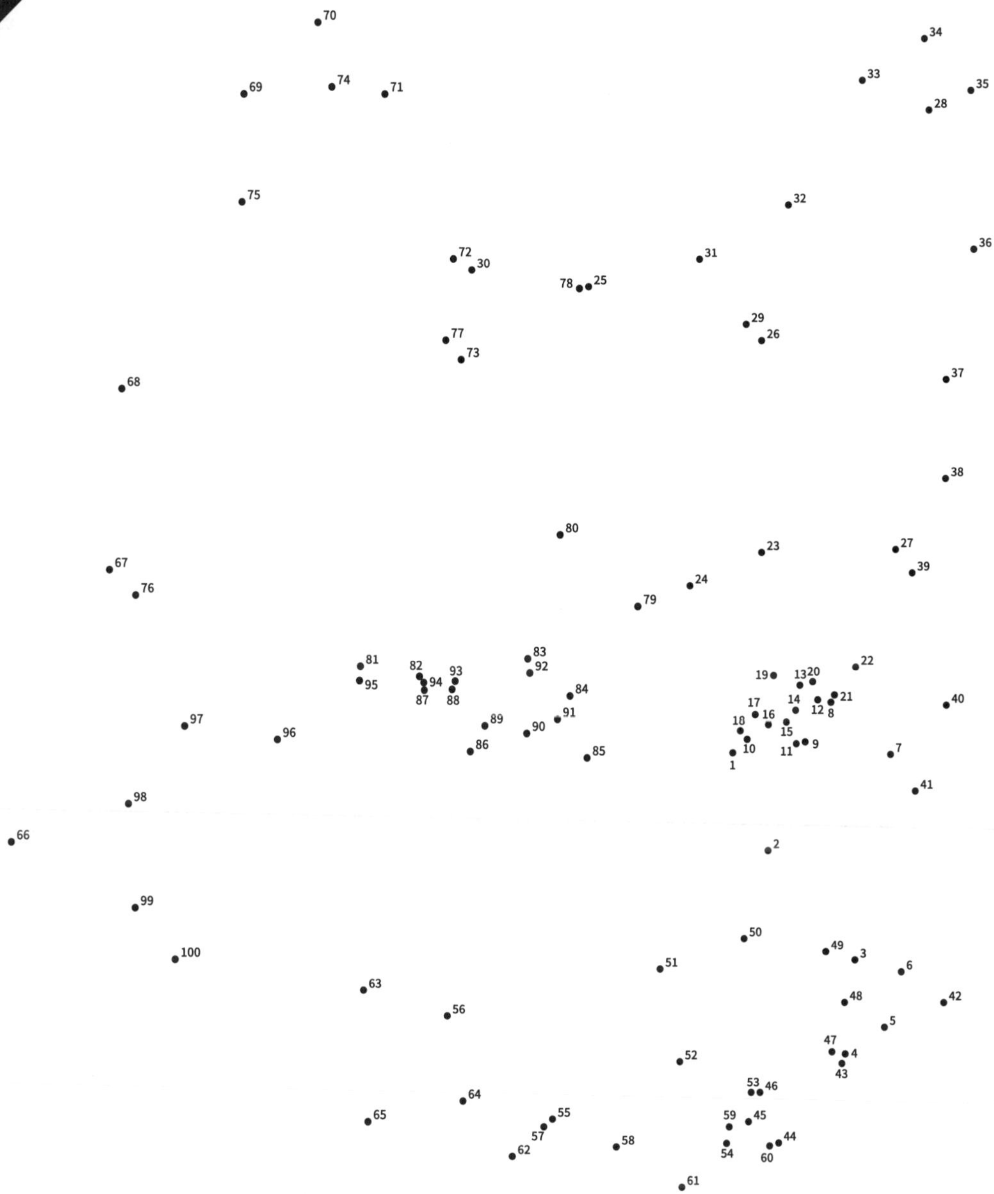

불도그

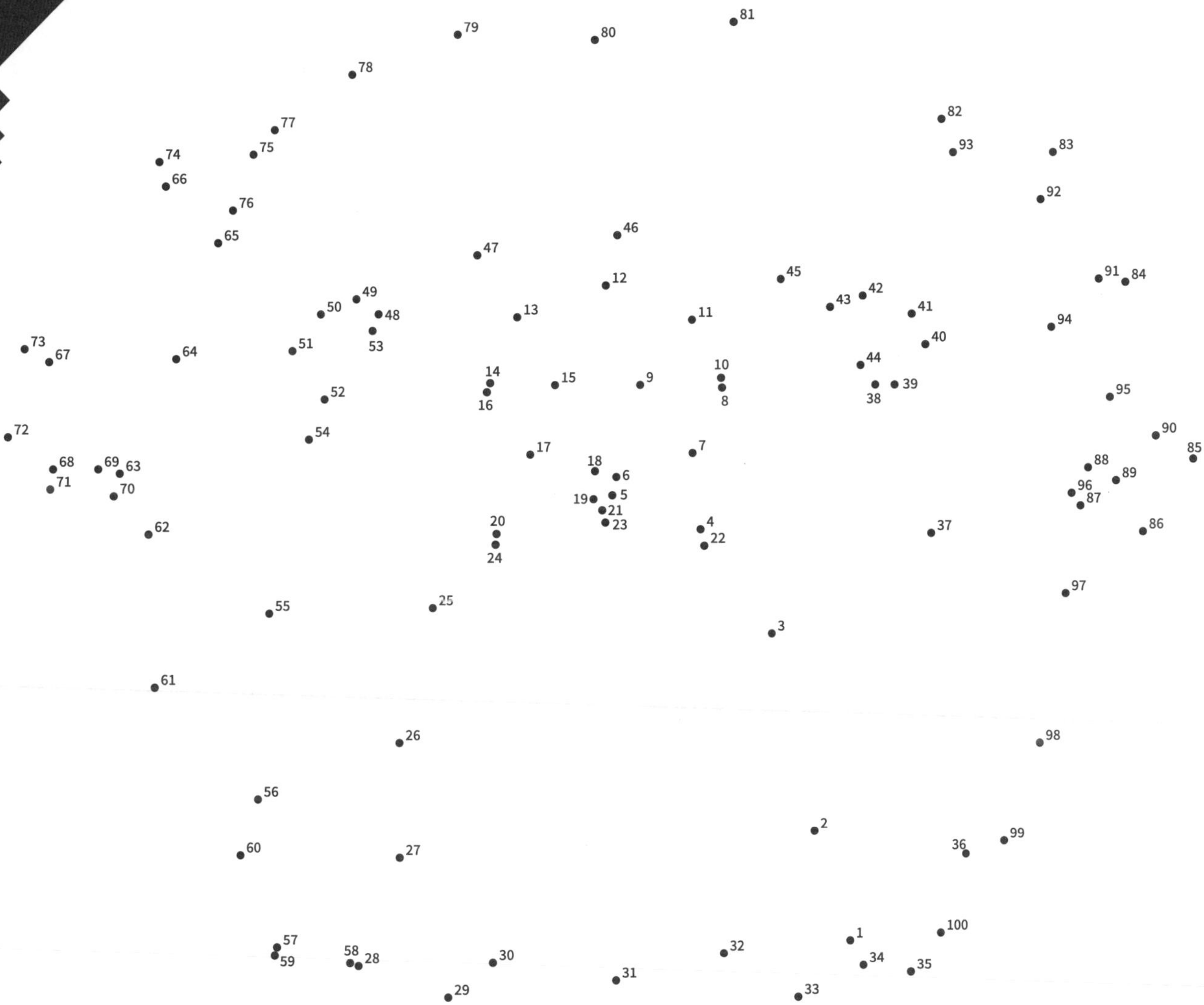

불도그

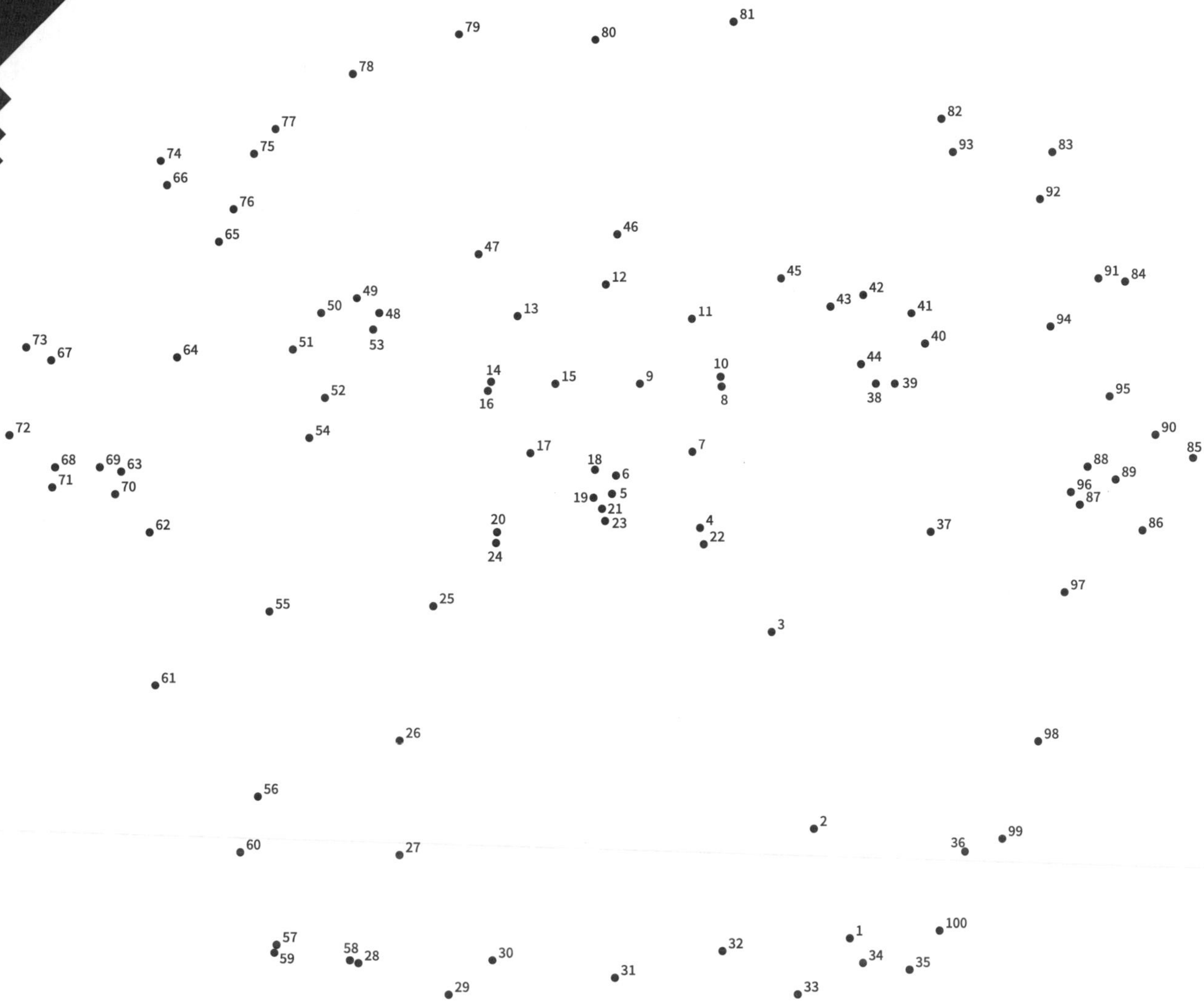

삽살개

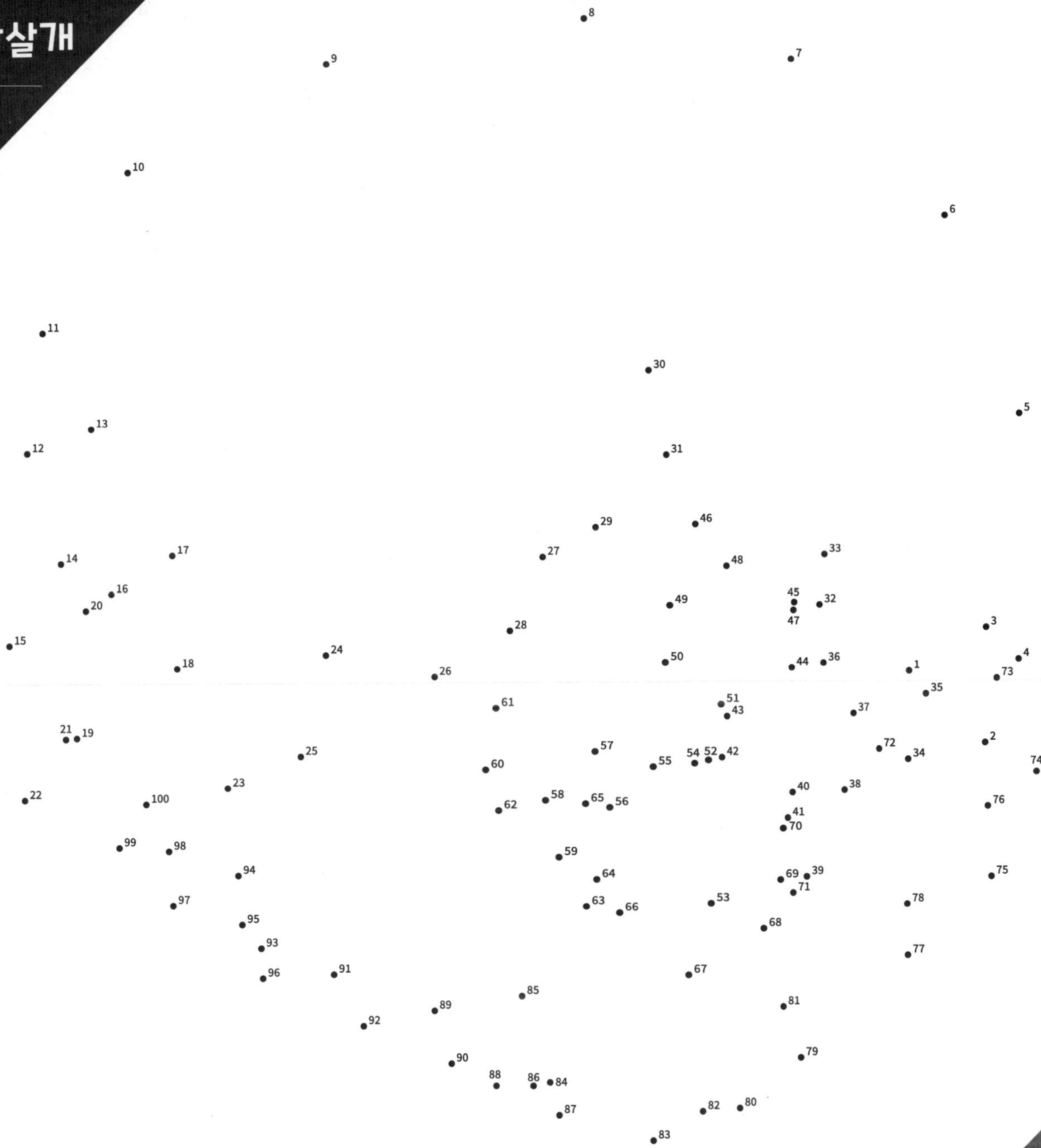

시바

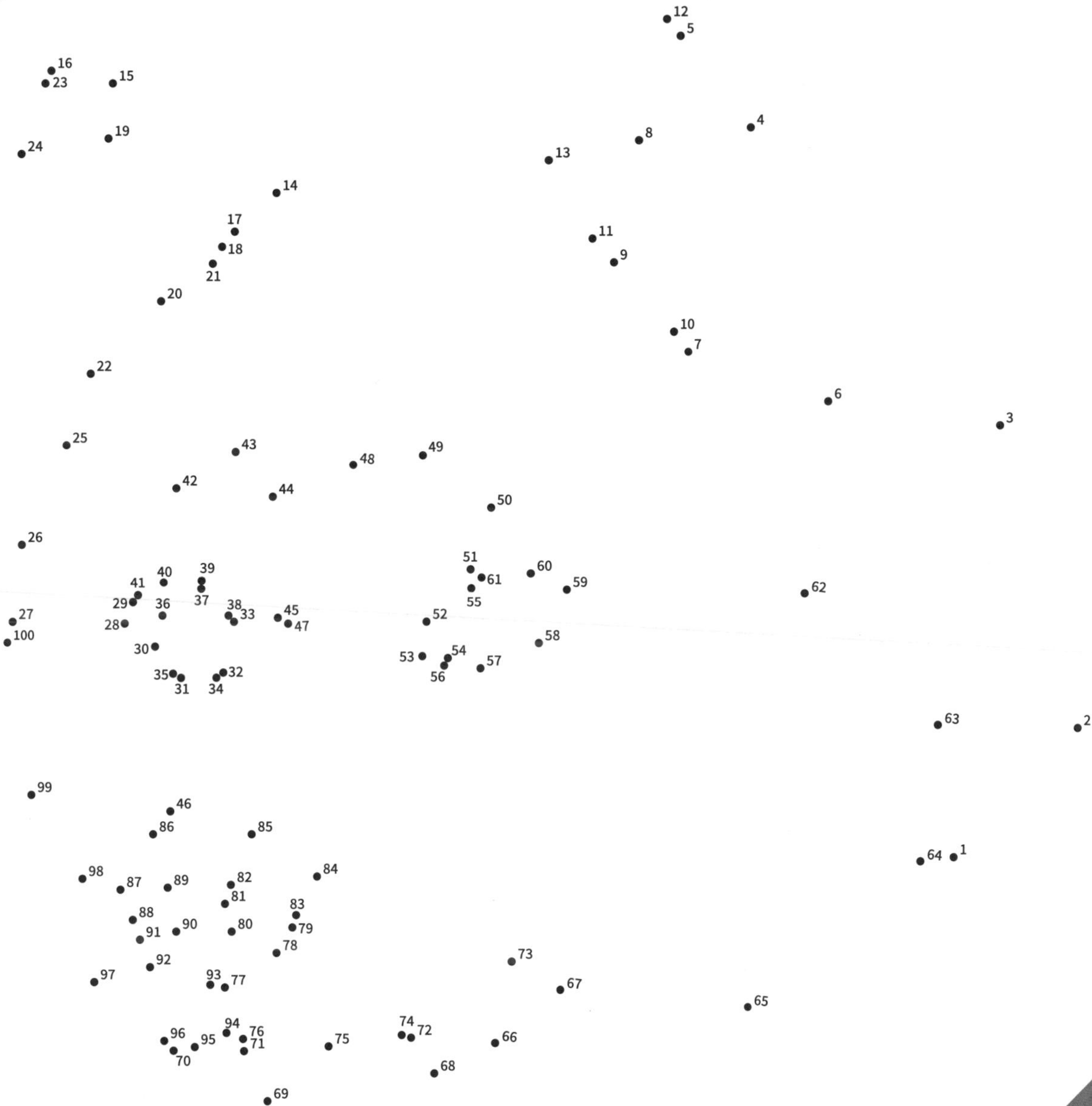

세인트 버나드

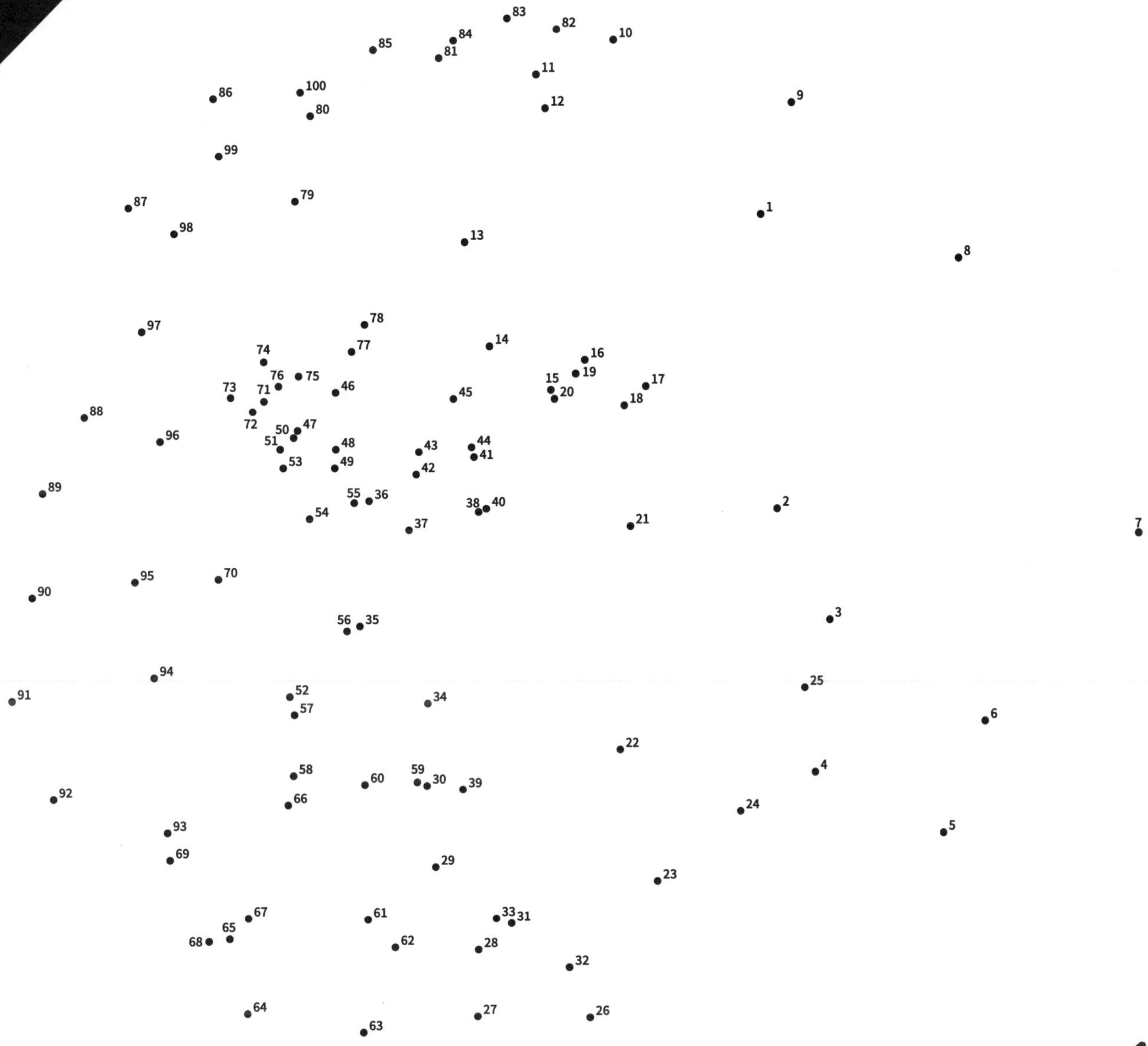

02

고양이 그리기

02

고양이 그리기

데보렉스

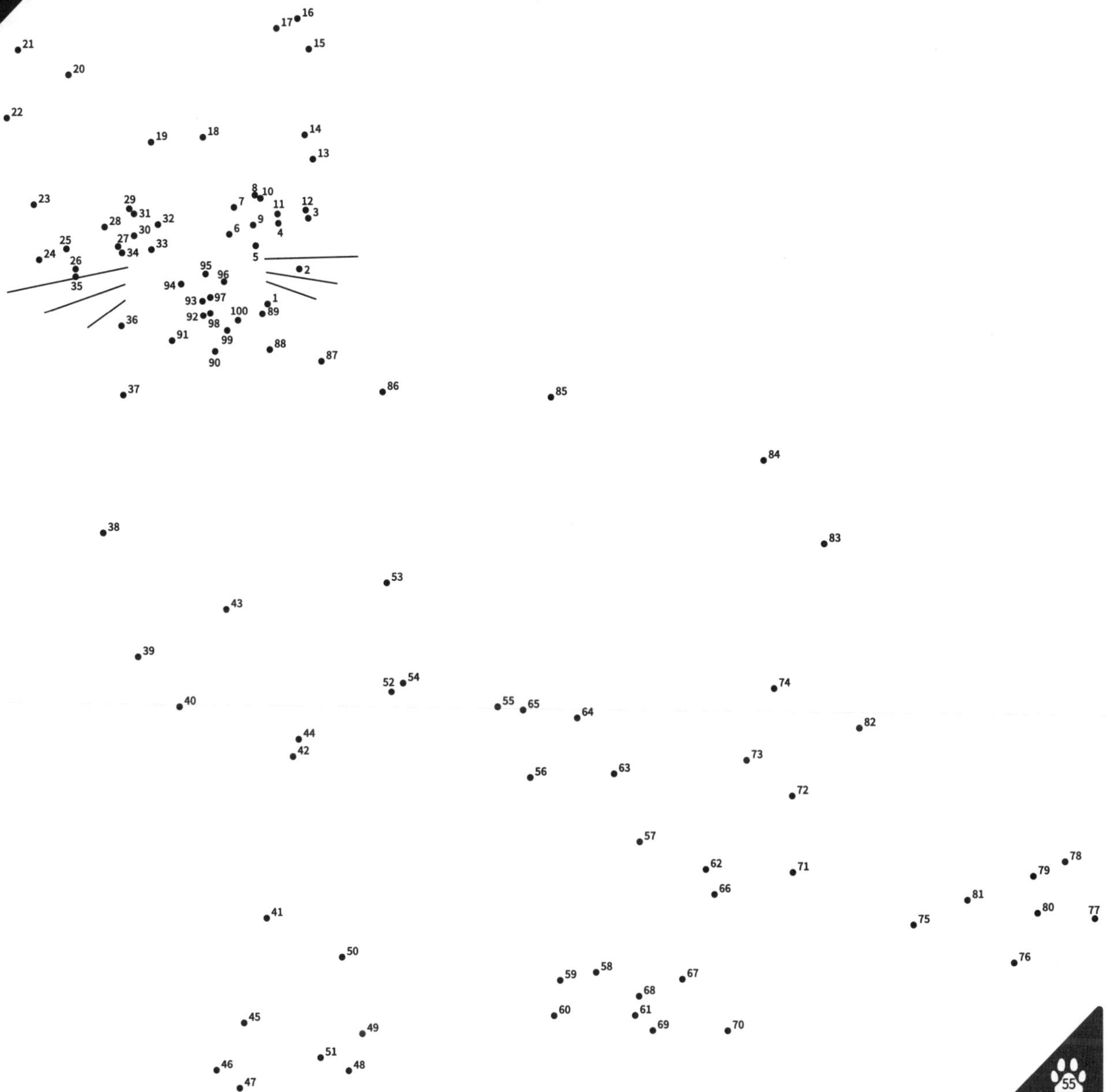

러시안 블루

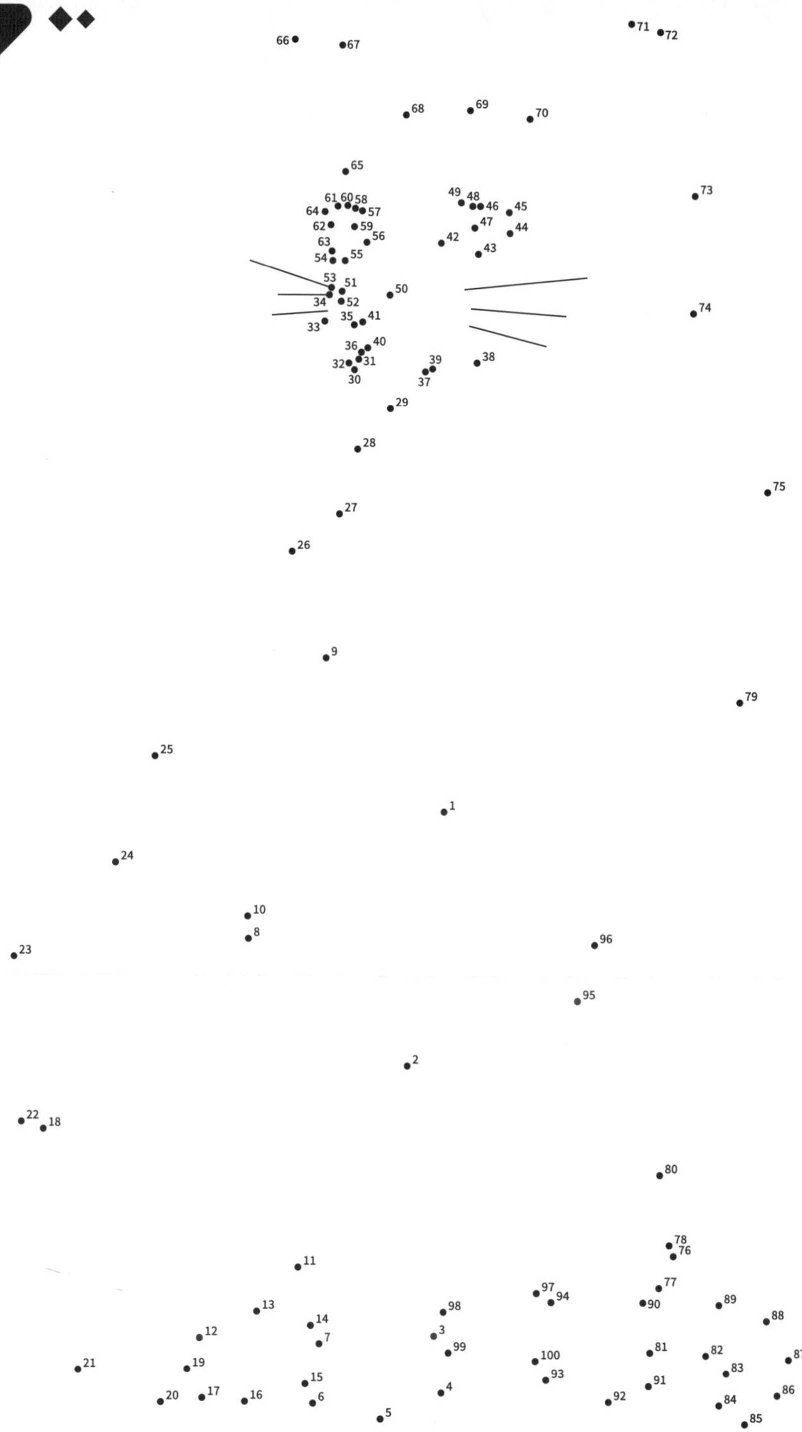

먼치킨

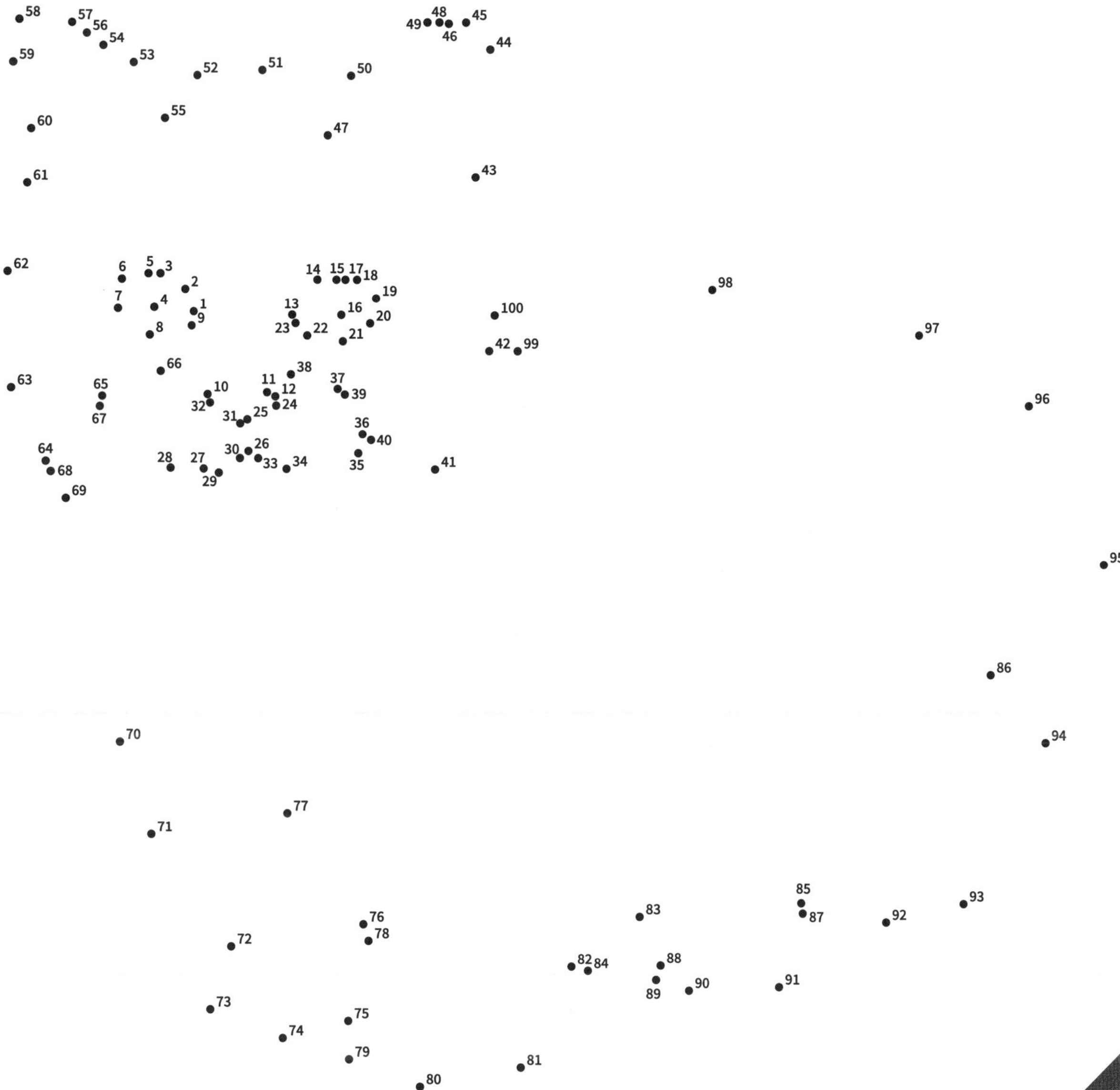

벵갈

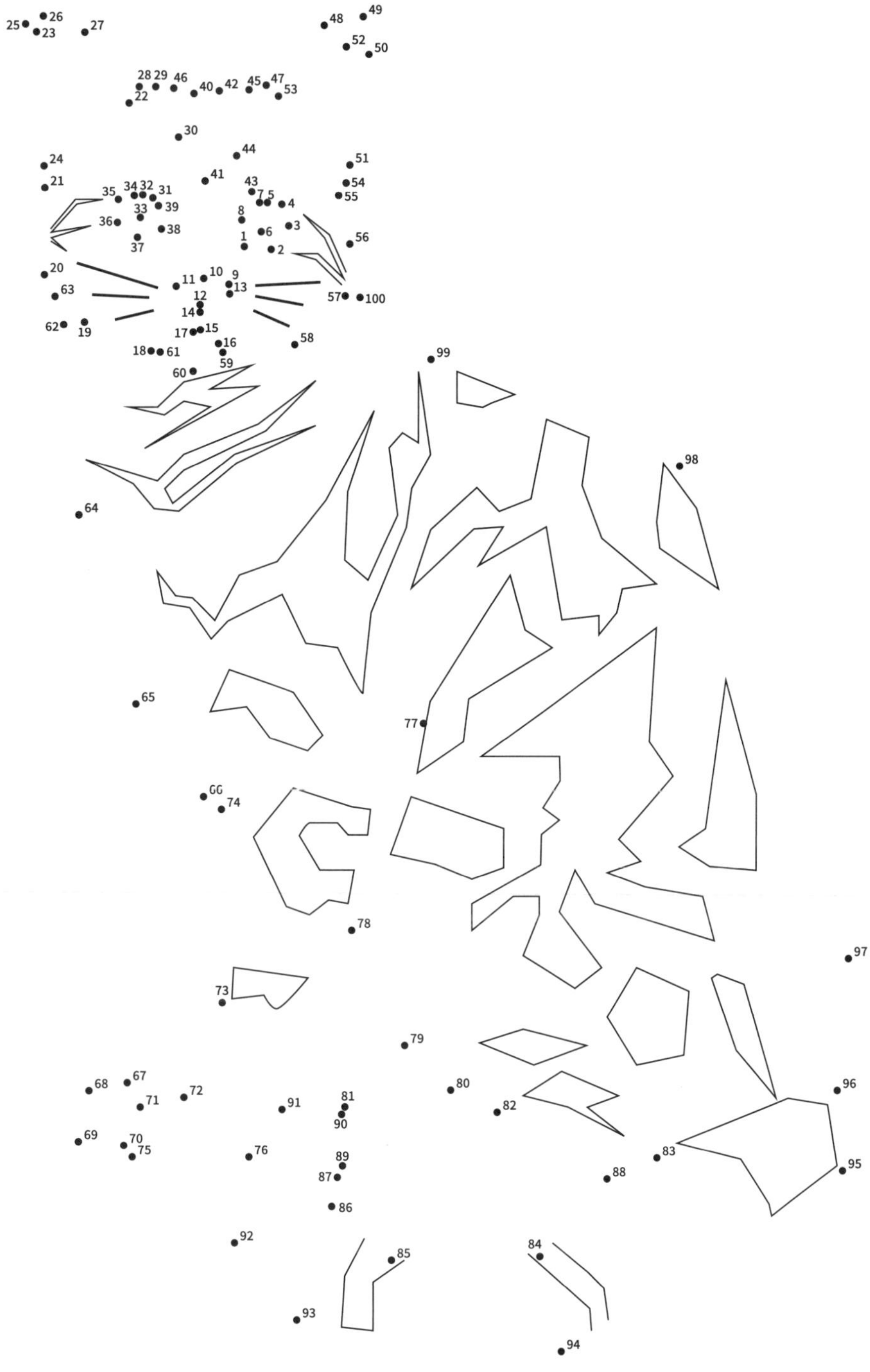

브리티시 쇼트헤어

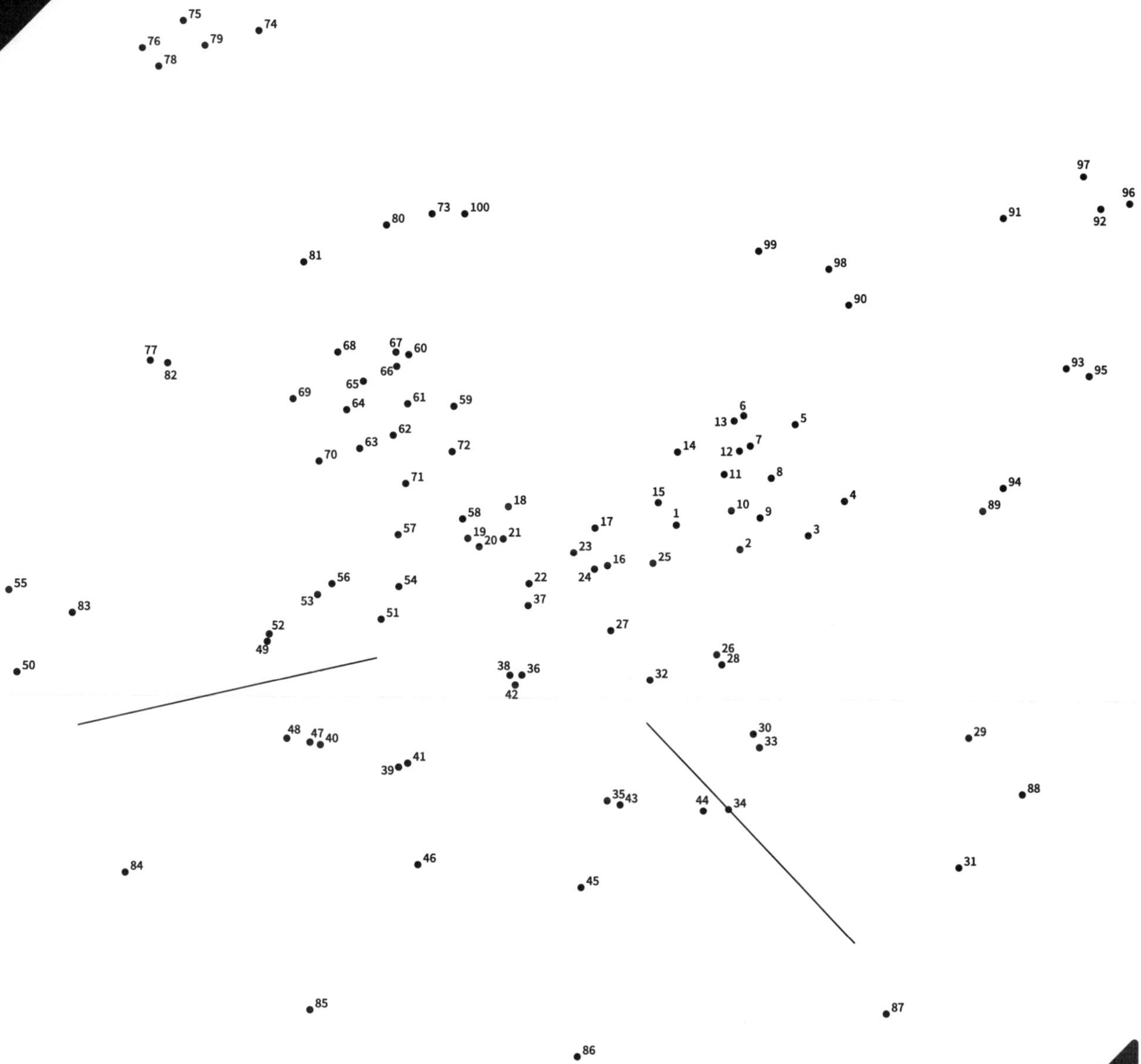

메콩 밥테일

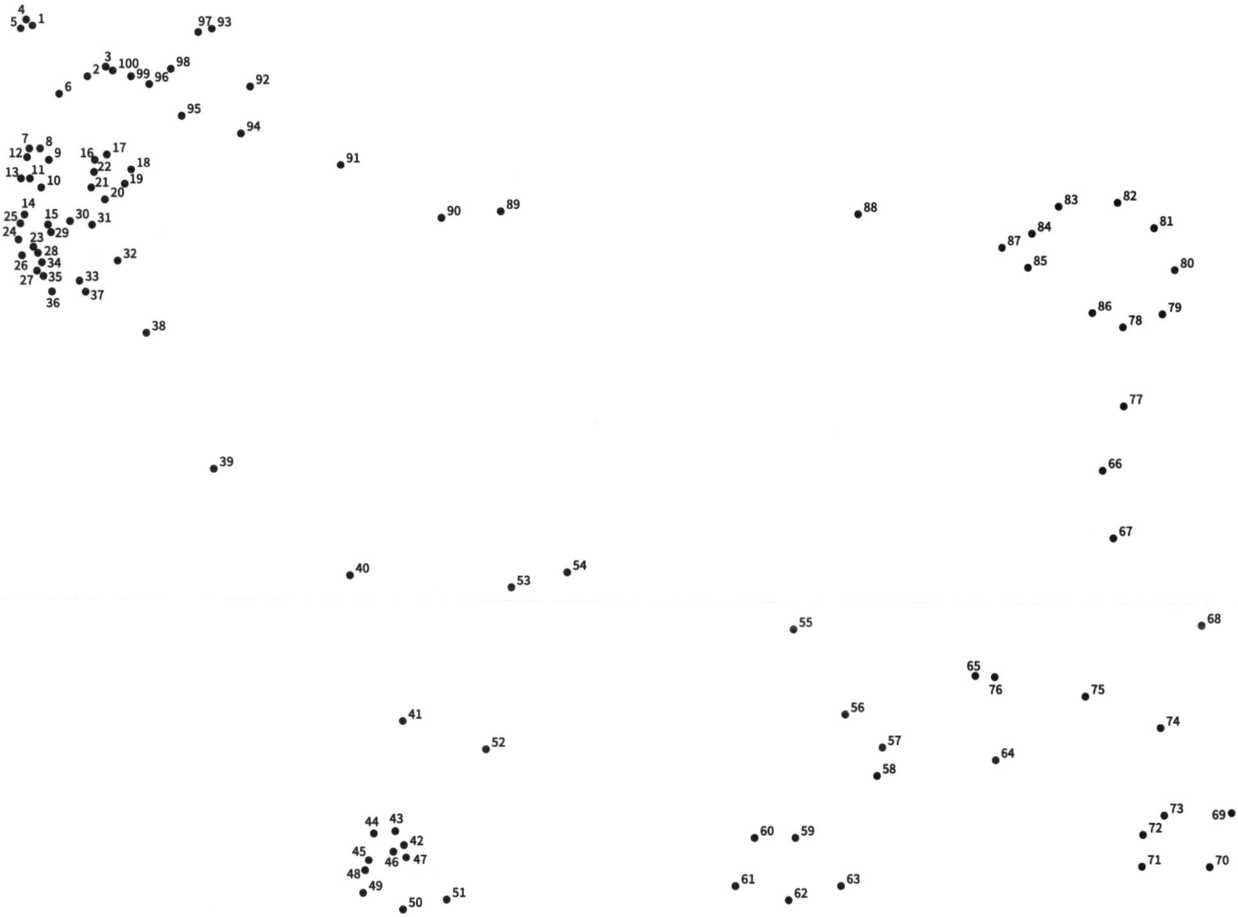

밤비노

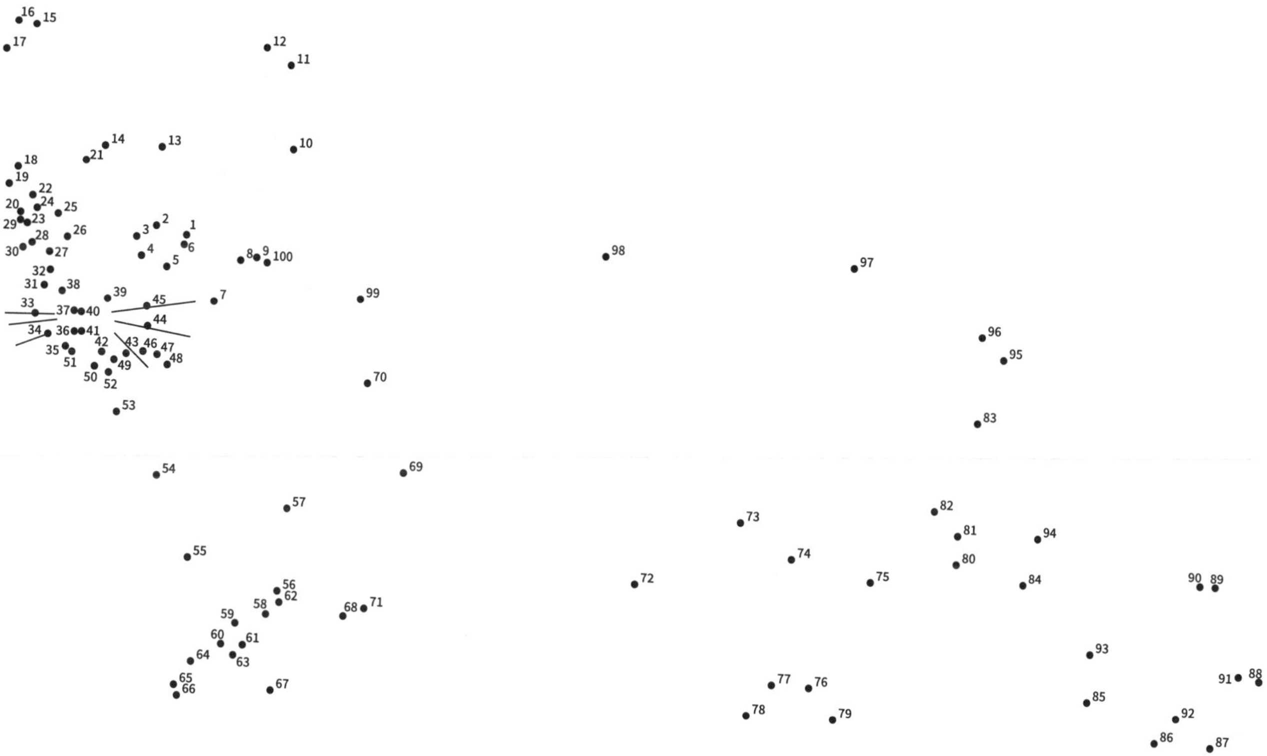

샴

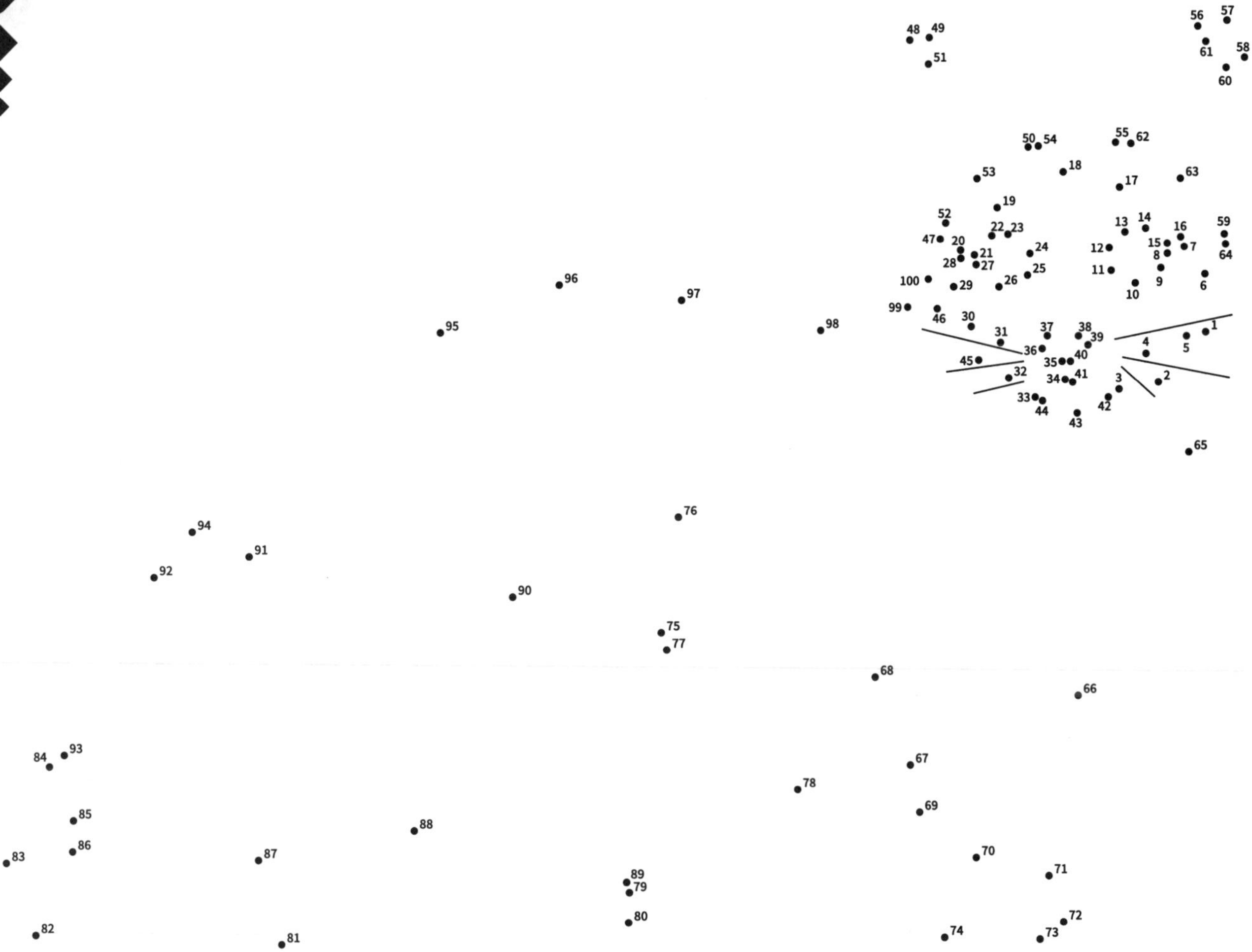

스핑크스

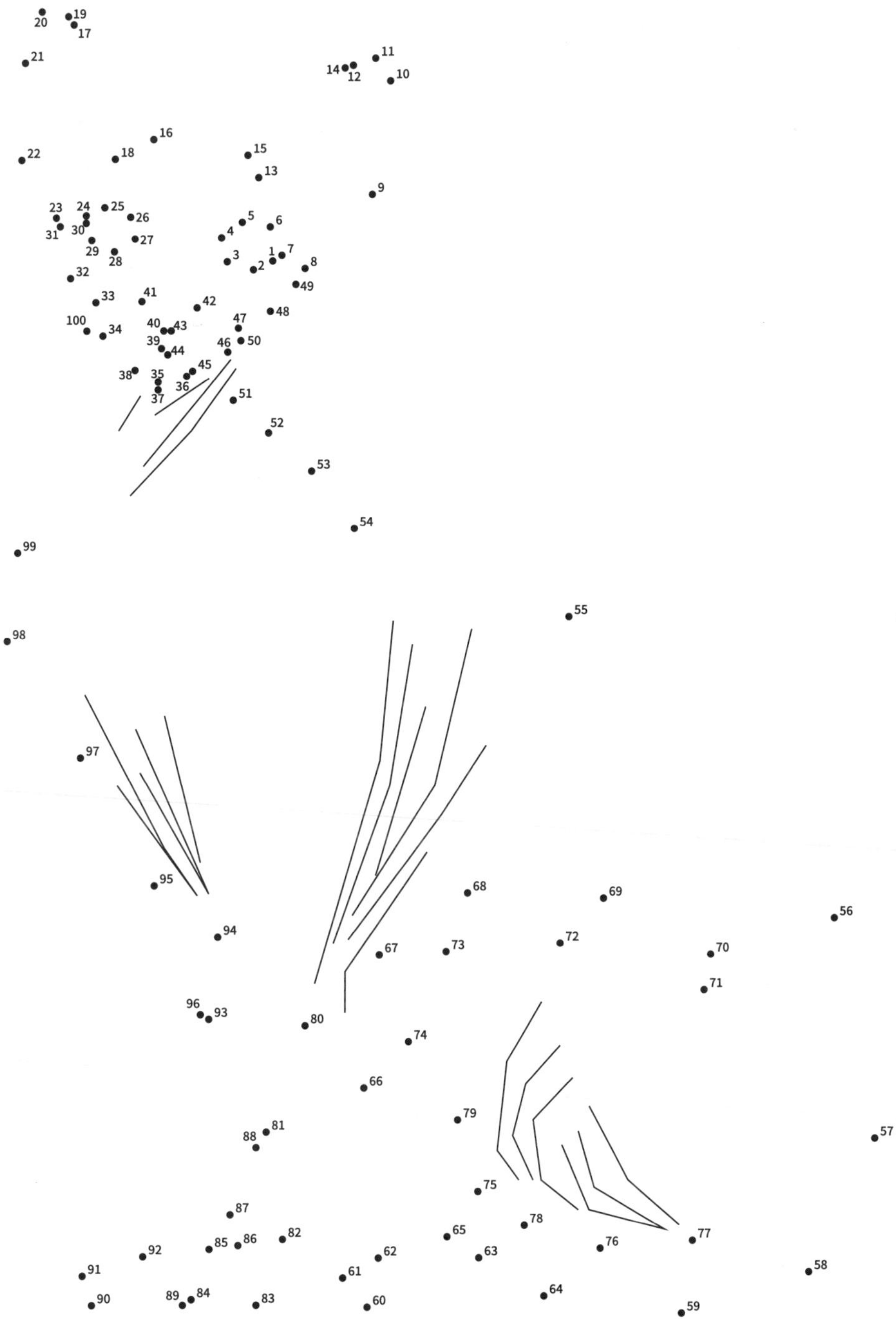

사바나

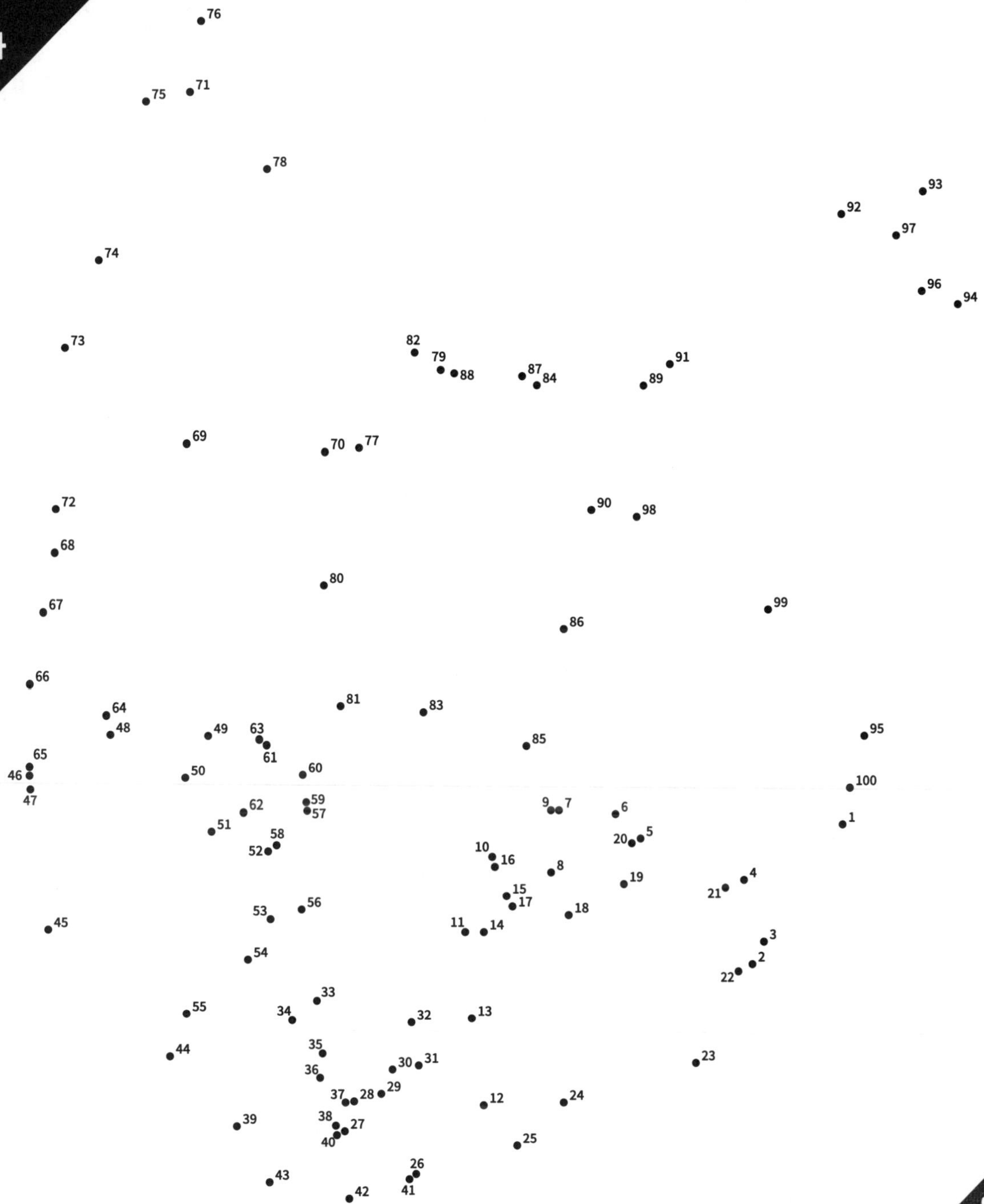

아메리칸 쇼트헤어

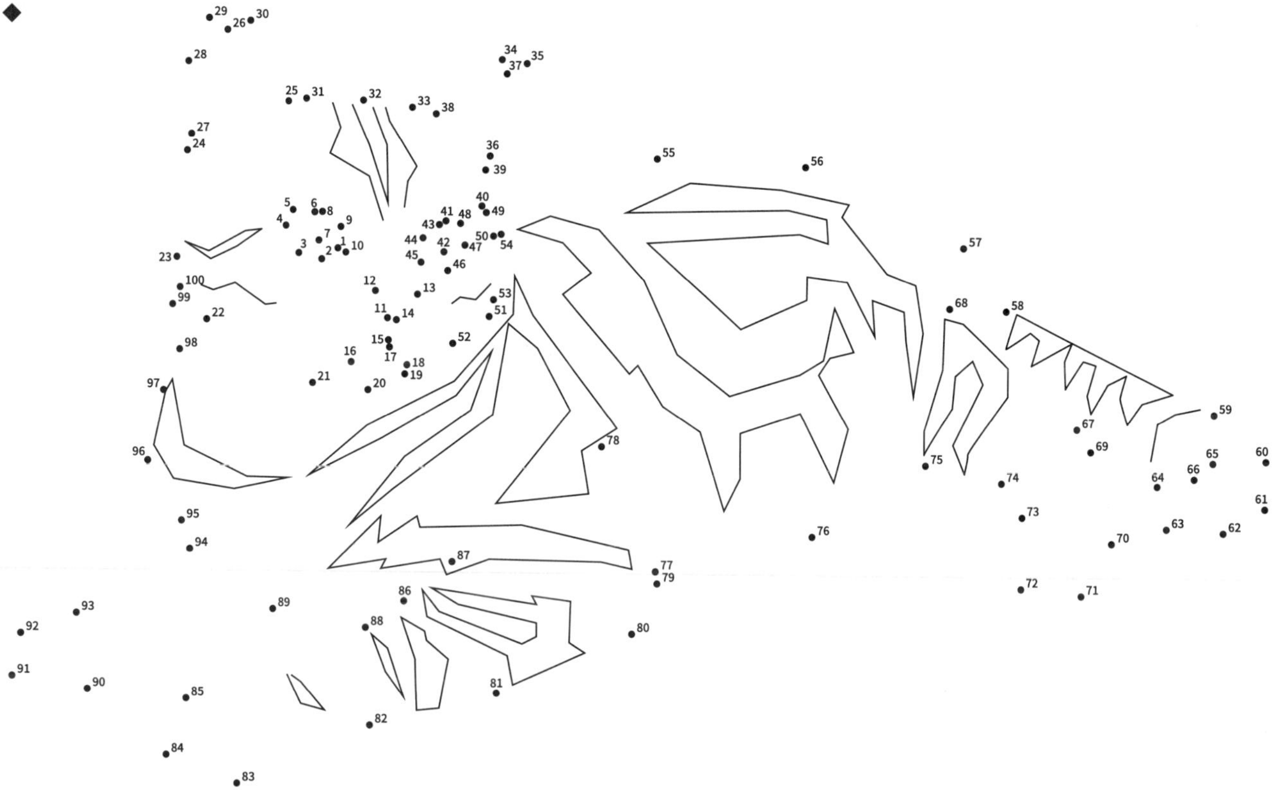

재패니즈 밥테일

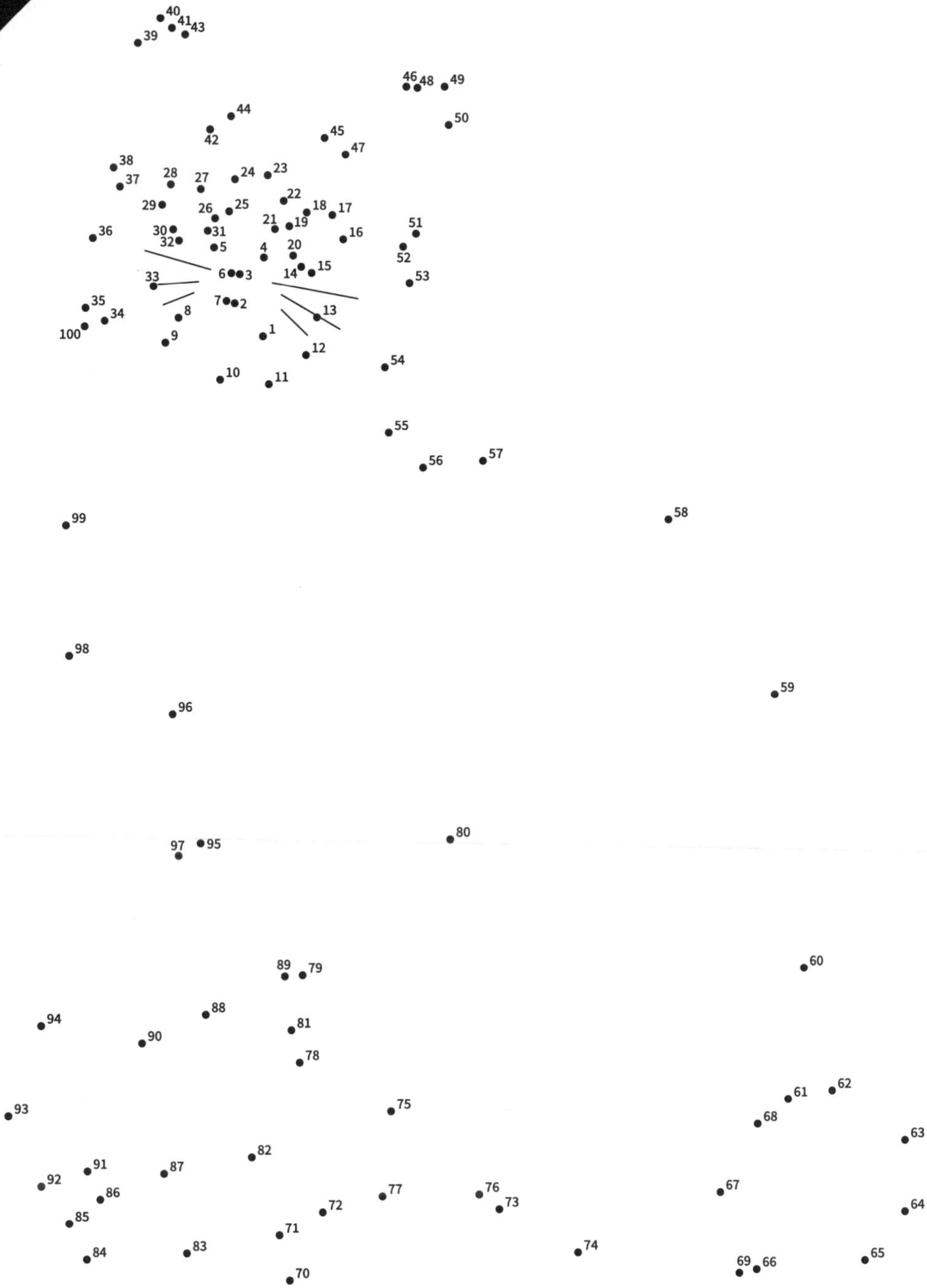

페르시안

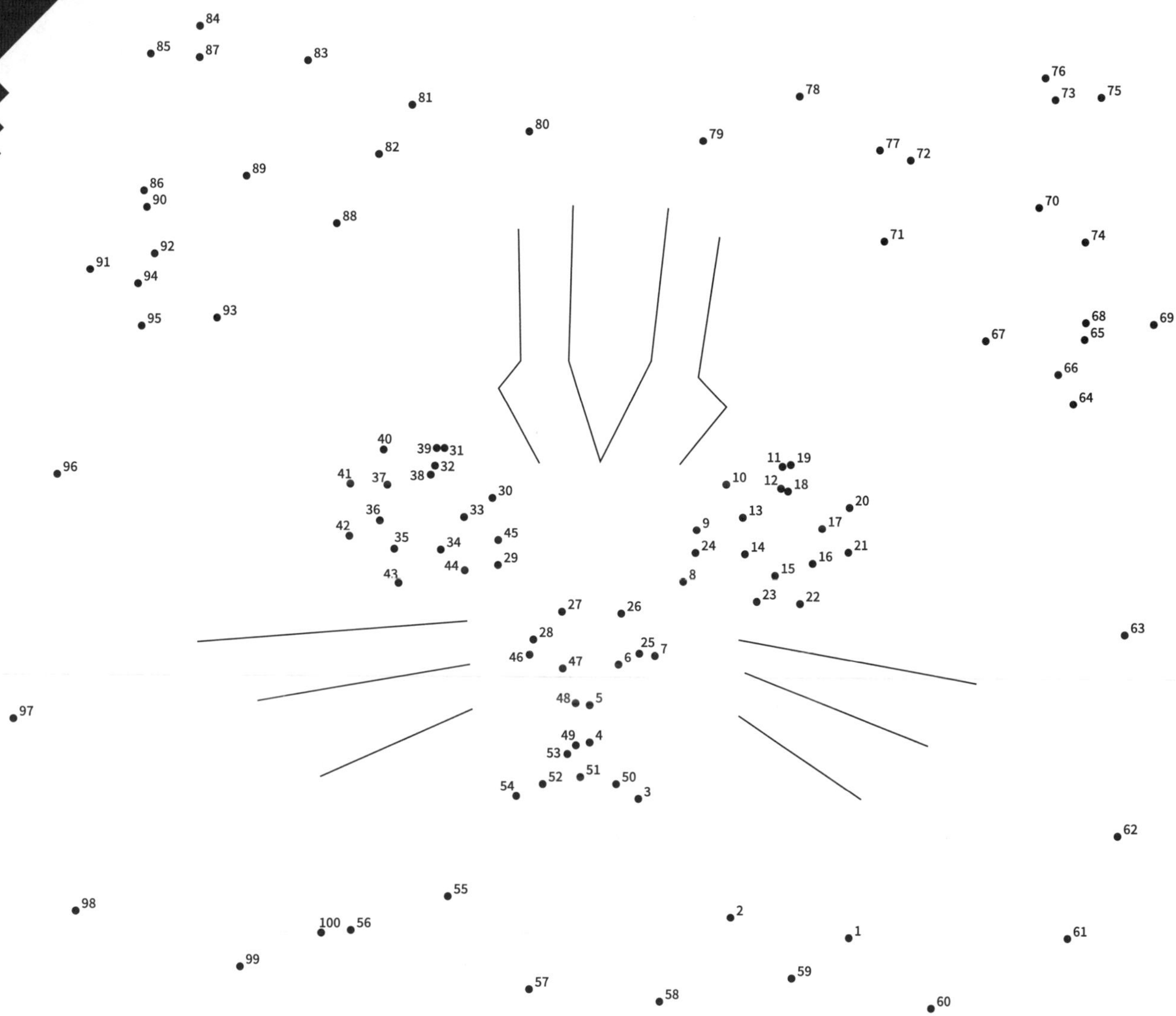

버만

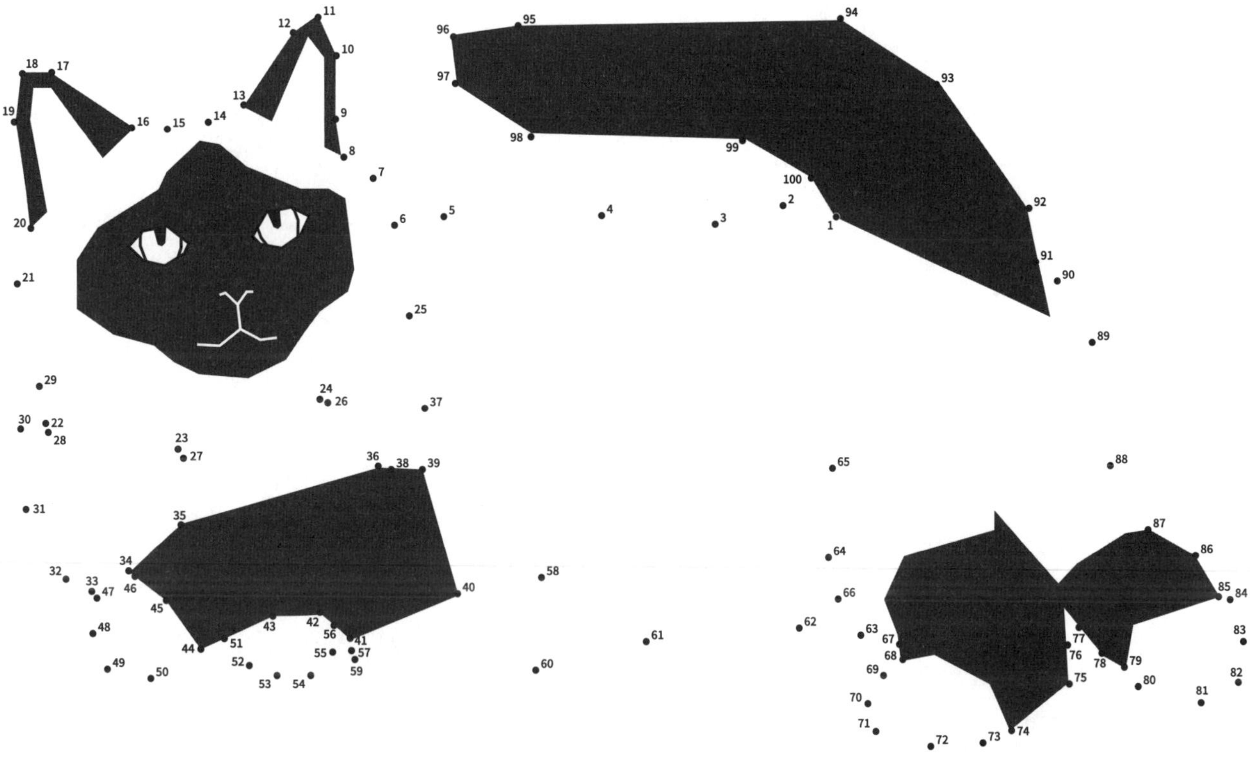

Bonus 1
강아지 집

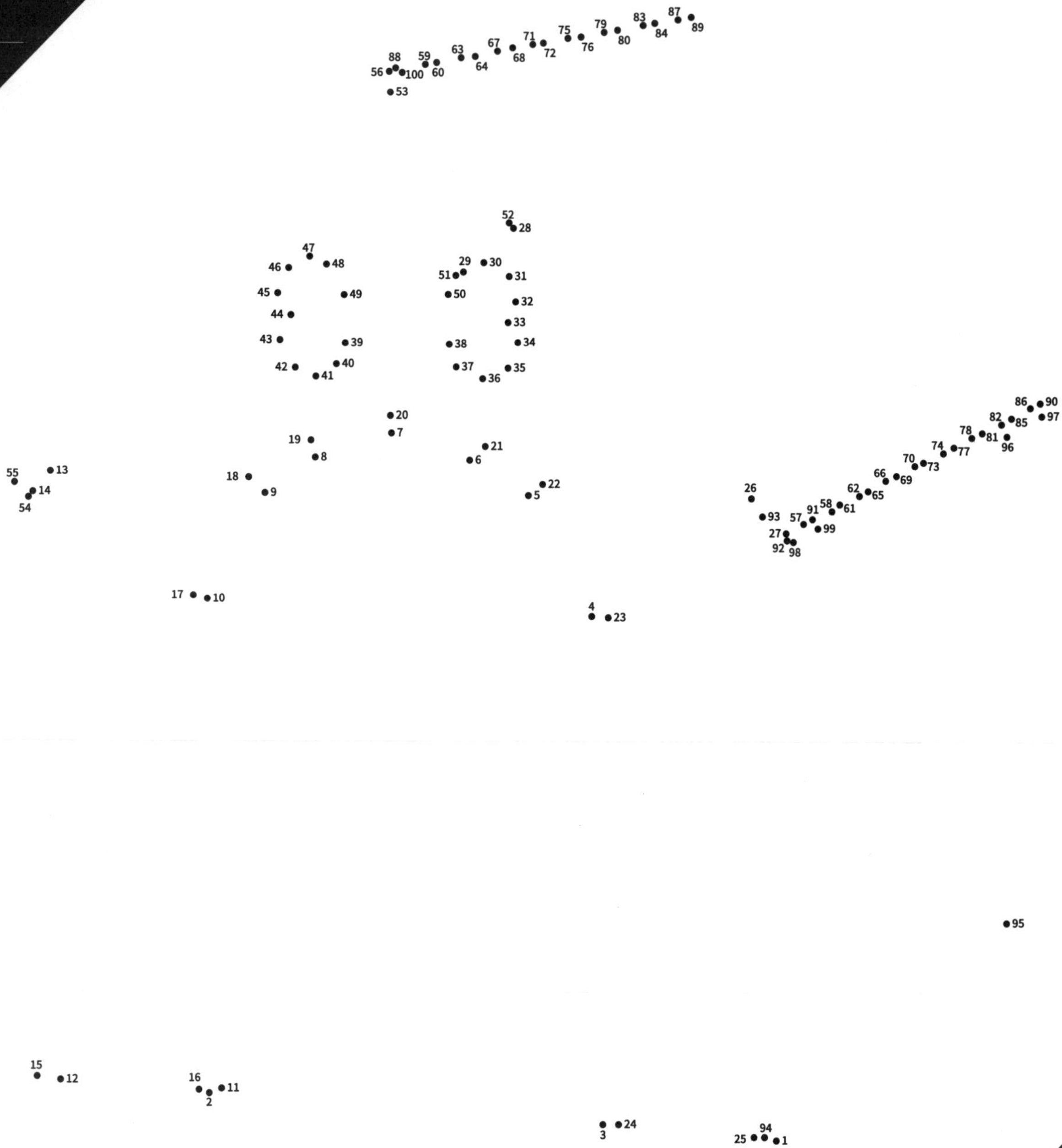

Bonus 2

캣타워

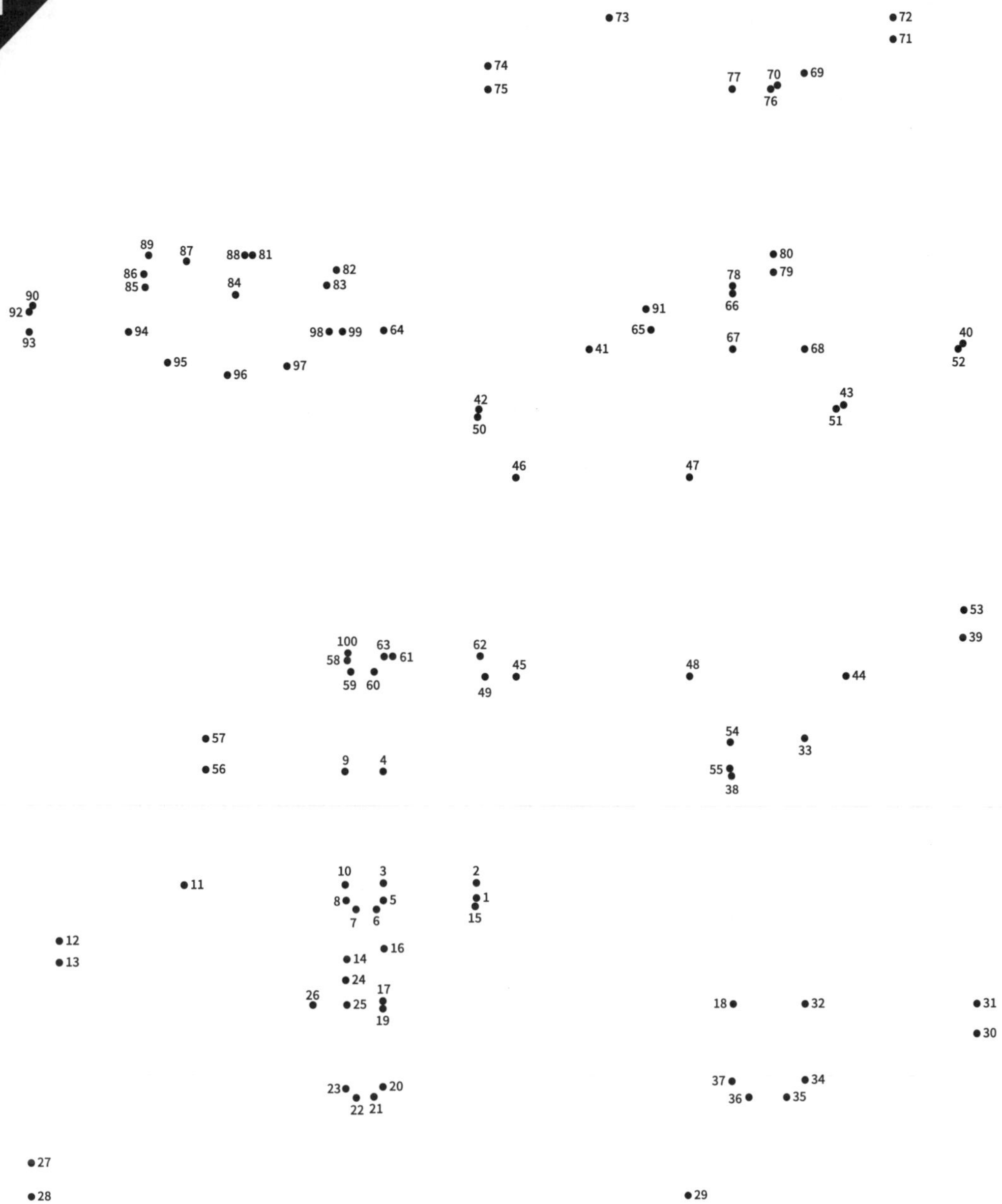

정답

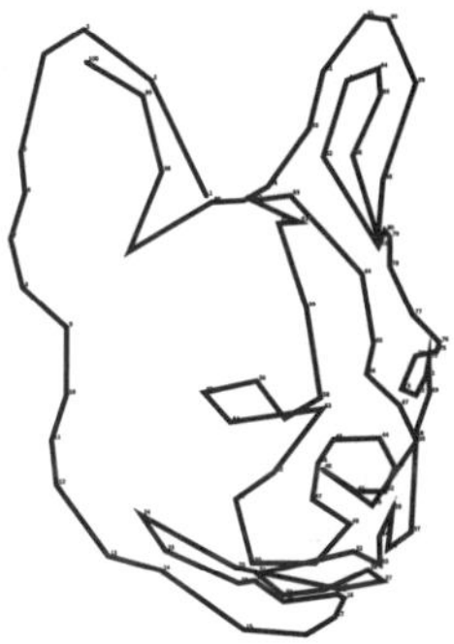

1 프렌치불독

영국에서 반려견으로 기르려고 개량한 품종. 프랑스에 전해지면서 상류층 사이에서 큰 인기를 얻었다.

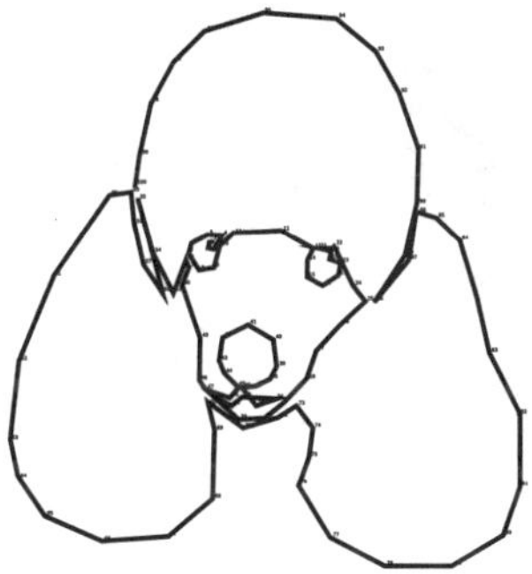

2 푸들

곱슬곱슬한 털이 매력적인 견종이다. 야생물새 사냥에 활용되던 개로 학습능력이 뛰어나고 충성심이 강하다.

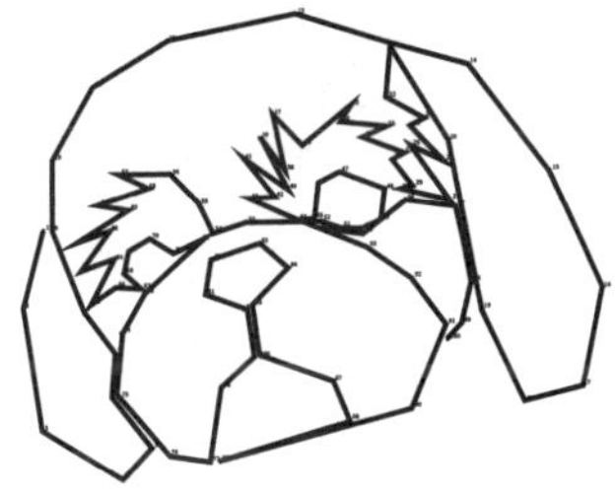

3 시츄

중국 명나라 황제의 사랑을 받았던 것으로 유명한 견종. 털이 길게 자라지만 털의 길이에 비해 잘 빠지지 않는다.

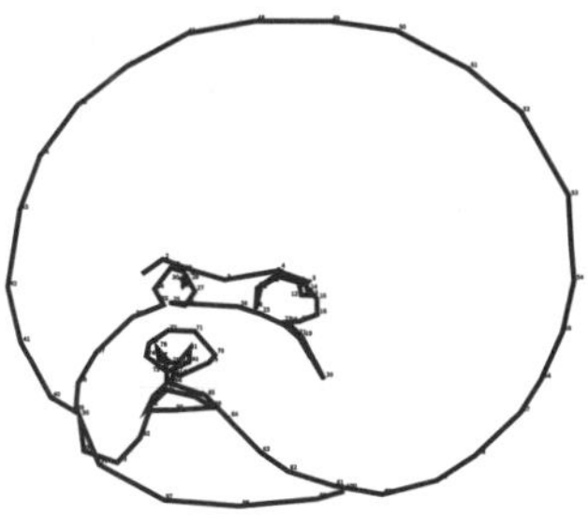

4 비숑프리제

희고 풍성한 털을 자랑하는 견종. 성격이 매우 활발하며 크기에 비해 힘이 강하다.

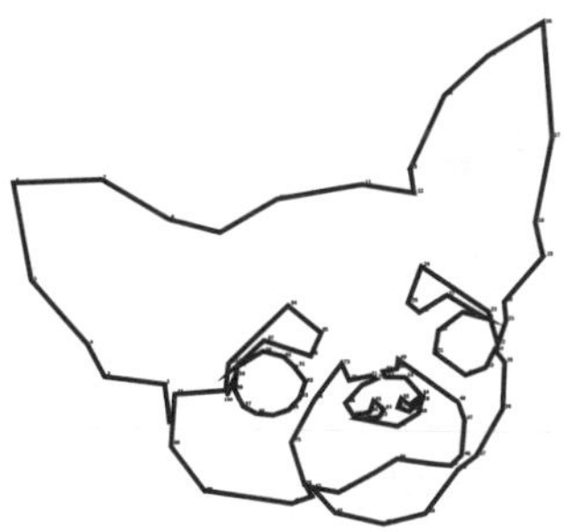

5 치와와

멕시코에서 개량한 견종으로 세계에서 제일 작은 개라는 타이틀을 가지고 있음.

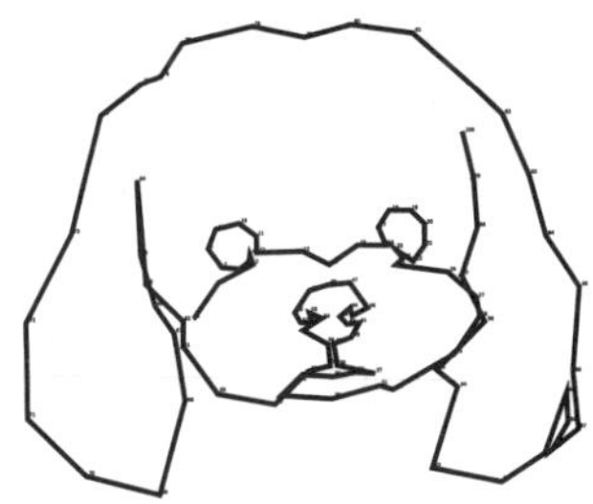

6 몰티즈

작업이나 사냥에 이용된 적이 없는 태생이 애완견이다. 지중해의 몰타 섬에서 유래한 것으로 전해진다.

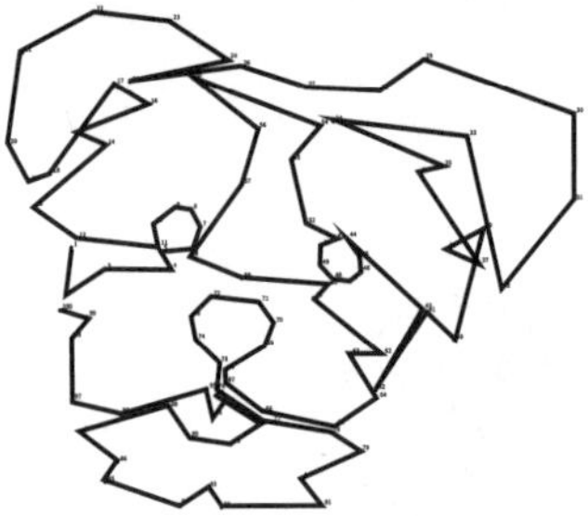

7 요크셔테리어

국내에서 가장 많이 키우는 견종이다. 주인과 많은 시간을 갖고 싶어하며 질투심이 많은 편이다.

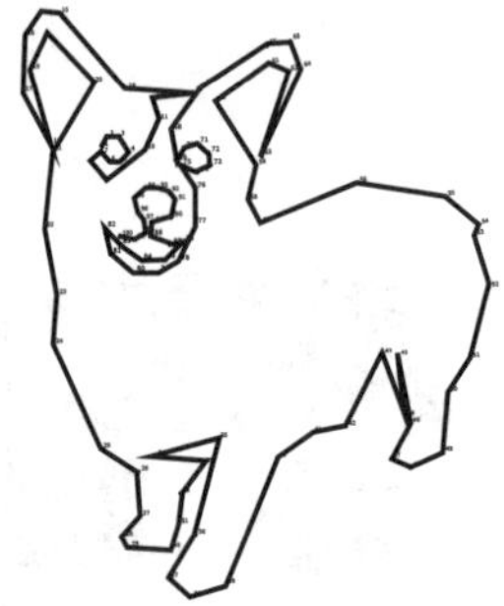

8 웰시코기

짧은 다리와 여우처럼 서있는 귀를 가지고 있다. 질병이 많이 발생할 수 있는 신체적 특징을 가지고 있다.

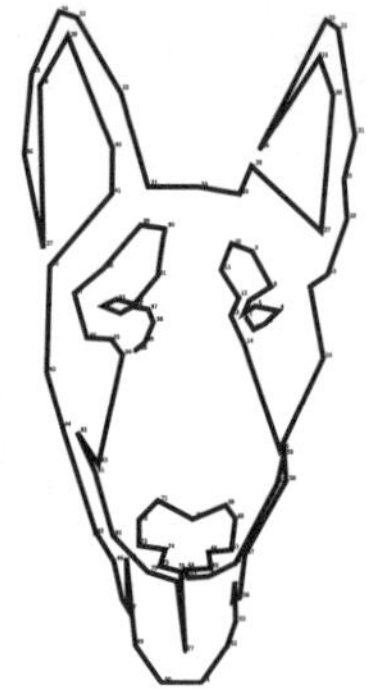

9 불테리어

영국에서 투견을 목적으로 만든 품종. 어릴 때부터 사회화 훈련을 해주는 것이 좋다.

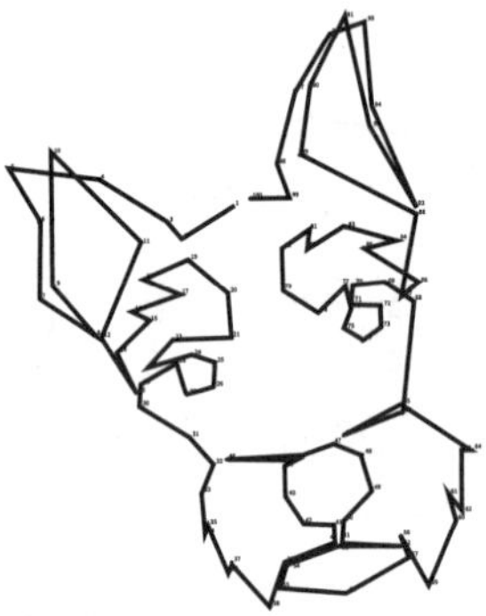

10 슈나우저

독일에서 유래한 품종으로 턱수염이 길게 자라는 특징을 가지고 있다.

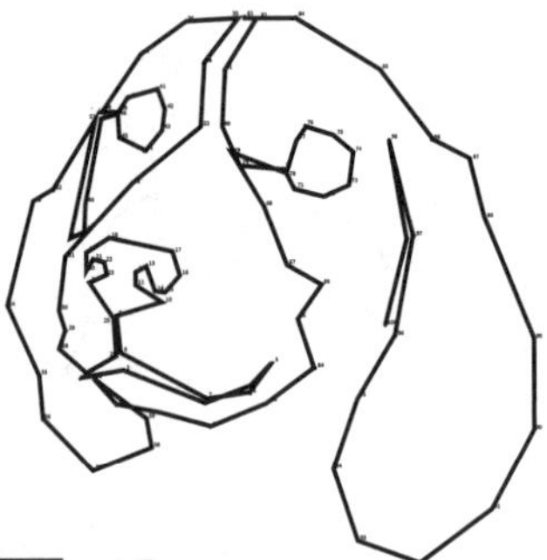

11 비글

사냥을 위해 탄생한 개. 후각이 매우 뛰어나서 최근에는 마약 탐지견으로 활약하고 있다.

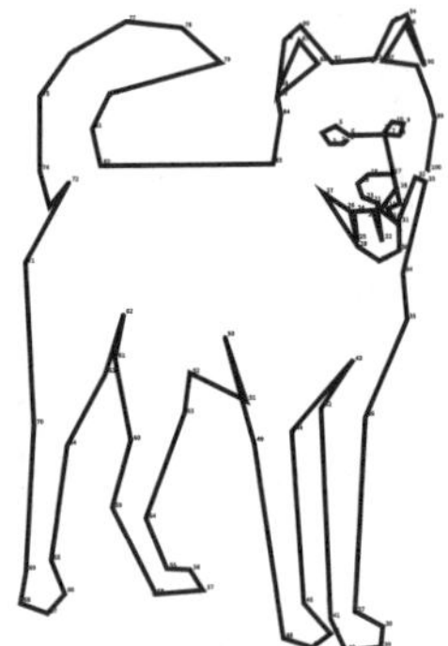

12 진돗개

대한민국 토종개. 1962년 12월 3일 천연기념물로 지정되었다.

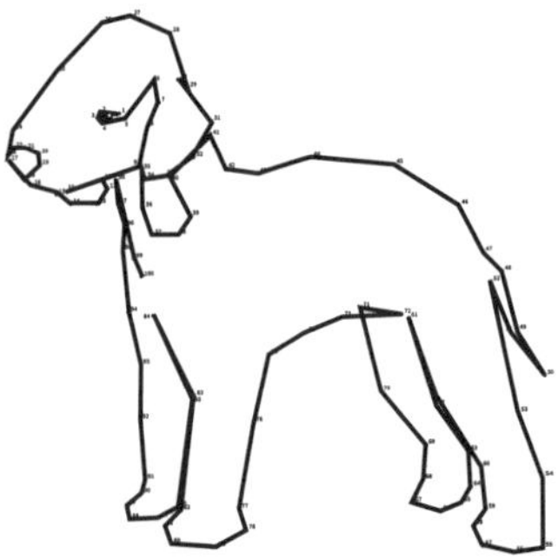

13 베들링턴테리어

다른 개에게 경계심을 많이 갖지만, 주인에게는 순종적이다.

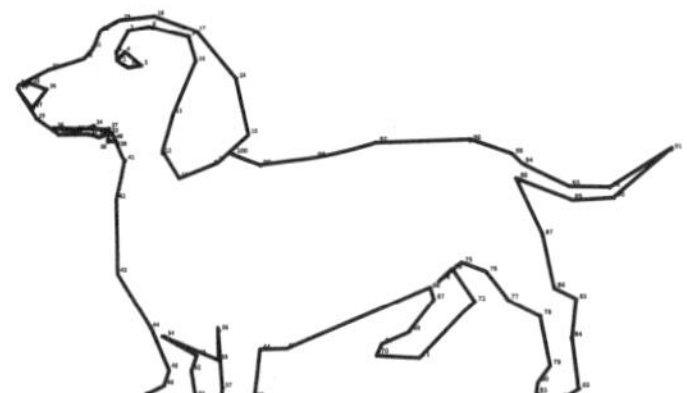

14 닥스훈트

독일에서 오소리나 여우 사냥을 위해 만들어진 견종이다.

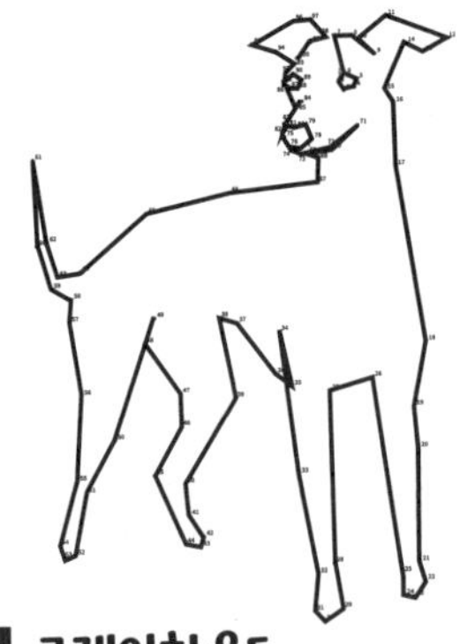

15 그레이하운드

이집트 원산의 사냥개로 체력과 지구력이 매우 뛰어나다.

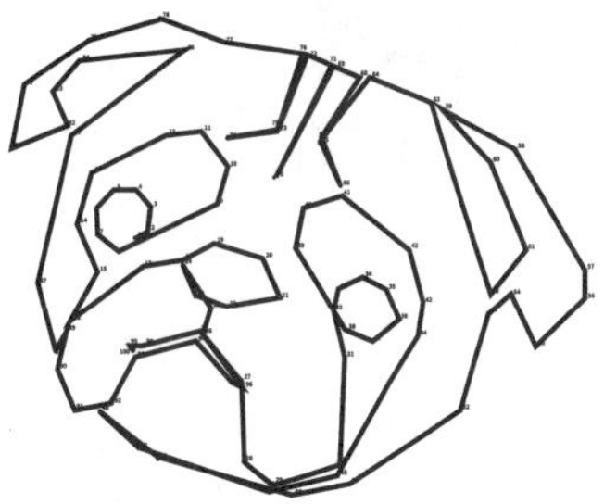

16 퍼그

중국 황제의 반려견으로 개량된 개이며, 네덜란드 왕실의 마스코트가 되었다.

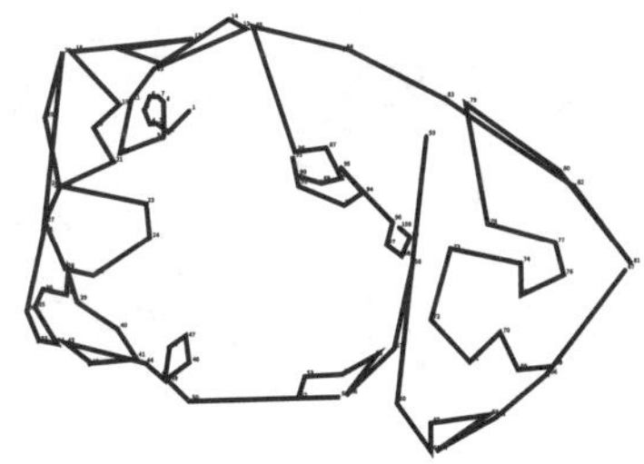

17 달마시안

흰바탕에 검은색 혹은 갈색 점무늬를 가진다. 디즈니에서 제작한《101 달마시안(101 Dalmatians)》(1996)이 인기를 끌면서 전 세계적으로 유명해졌다.

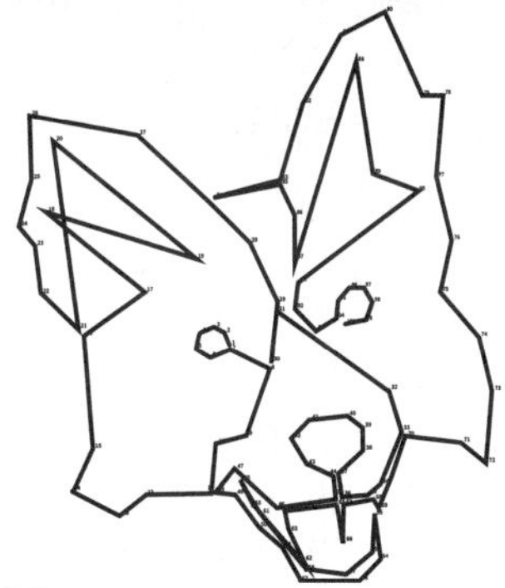

18 보더콜리

목양견으로 길러진 강아지. 총명하고 지적 호기심이 강한 편이다.

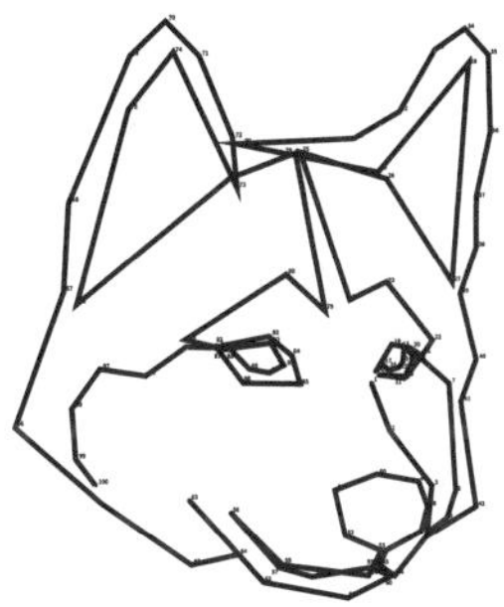

19 시베리안허스키

국내에서는 "늑대개"라고도 부른다. 썰매를 끌기 위해 길러진 개.

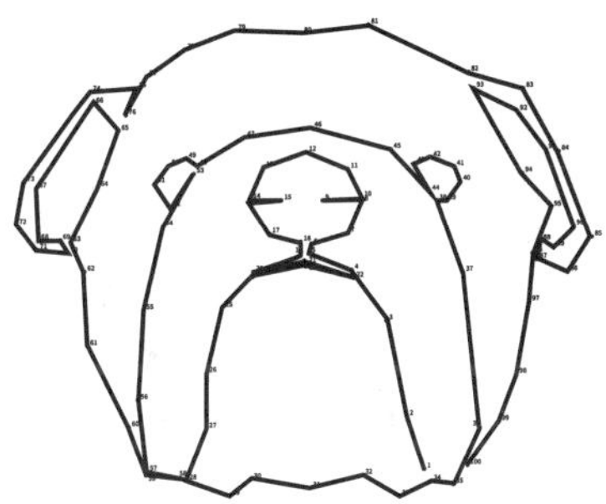

20 불도그

영국에서 황소와의 싸움을 위해 개량한 개. 미국 해병대의 마스코트로도 유명하다.

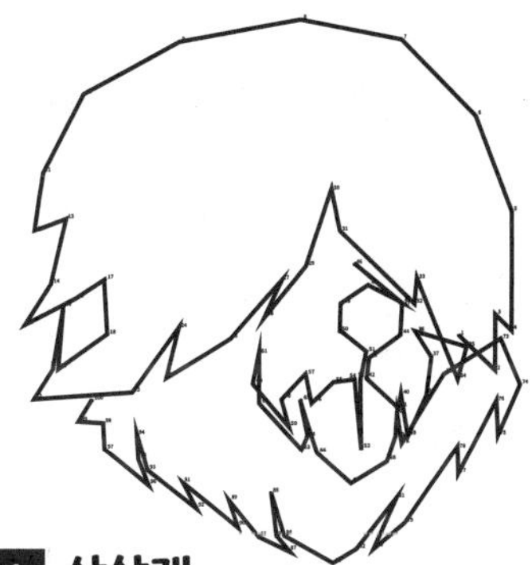

21 삽살개

털이 긴 우리나라의 토종개로 1992년 천연기념물로 지정되었다.

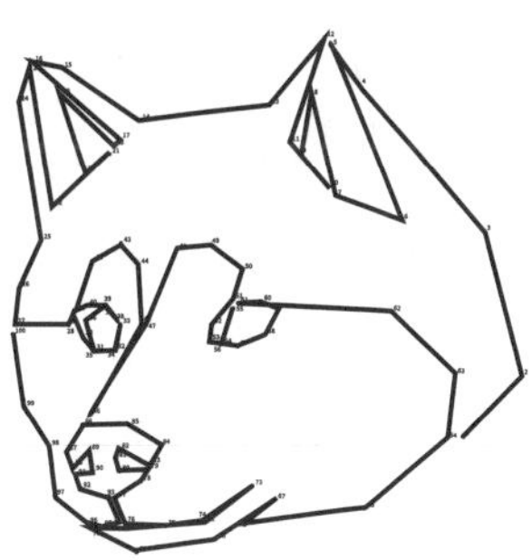

22 시바

일본에서 살았던 토착견. 작은 체구에 균형잡힌 모습이 특징.

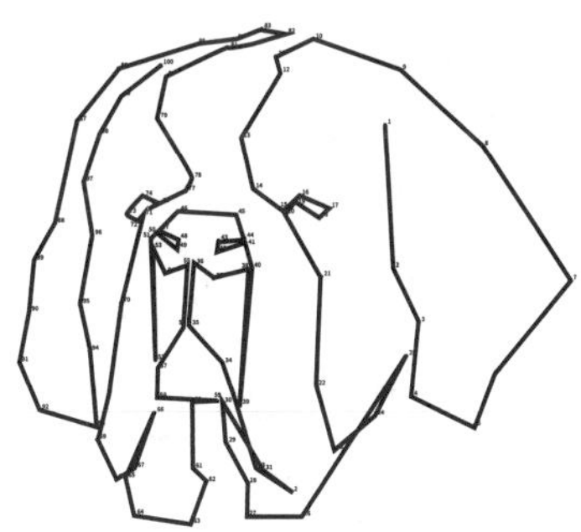

23 세인트버나드

스위스가 원산지이다. 인명구조를 목적으로 길러진 견종이다.

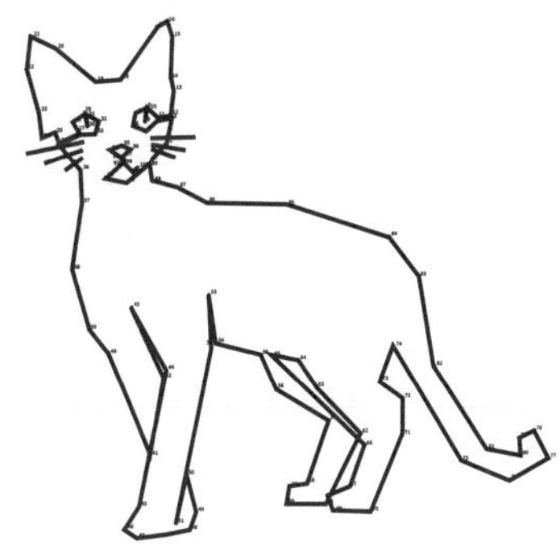

24 데본렉스

겉보기에는 예민해 보이는 인상을 주지만, 실제로는 애교가 있는 고양이. 미국에서 집고양이로 인기가 많다.

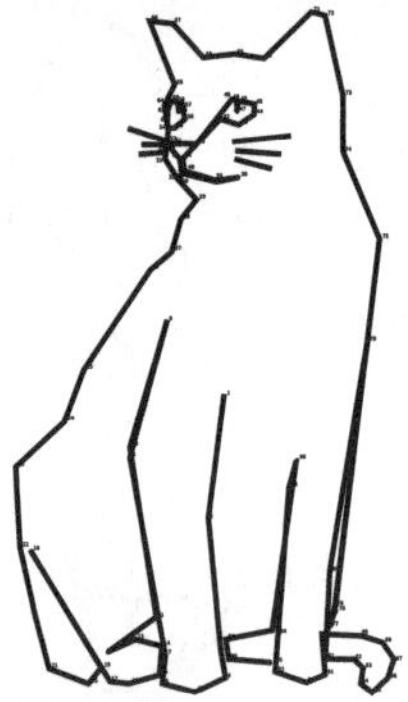

25 러시안블루

에메랄드빛 눈동자와 푸른빛이 도는 은회색 털을 가지고 있다.

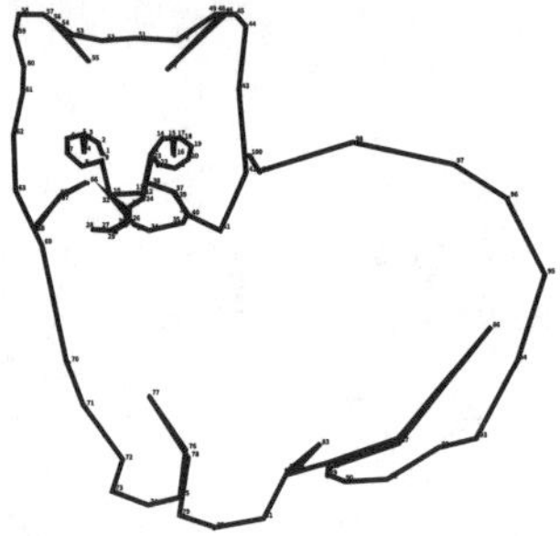

26 먼치킨

짧은 다리로 아장아장 걷는 모습이 귀여운 고양이. 자연발생적 돌연변이로 탄생한 것으로 전해진다. 1983년 미국 루이지애나 주에서 처음 발견되었다.

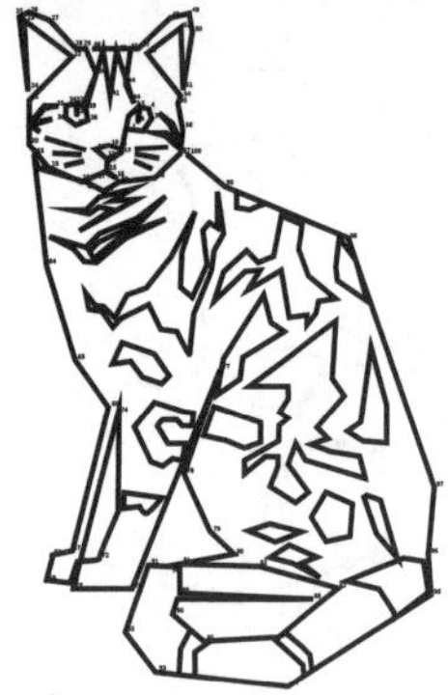

27 벵갈

야생살쾡이와 집고양이를 교배시켜 탄생한 품종. 독특하고 매력적인 털무늬로 사랑받고 있다.

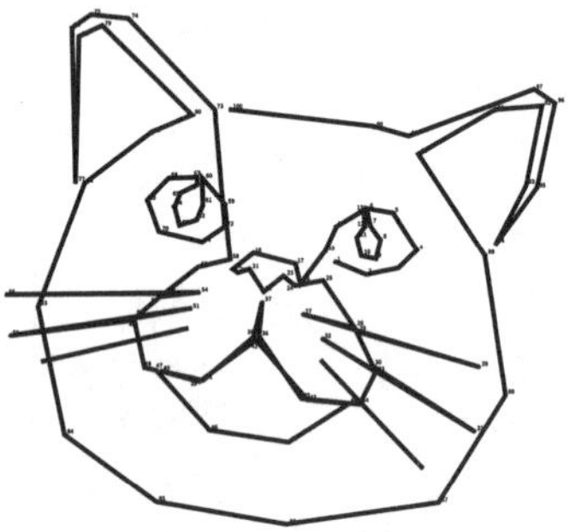

28 브리티시쇼트헤어

영국 브리튼 섬에서 오랫동안 독자적인 특징을 나타내며 발생한 품종으로 추정. 루이스 캐럴의《이상한 나라의 앨리스》에 등장하는 고양이의 모델로 전해진다.

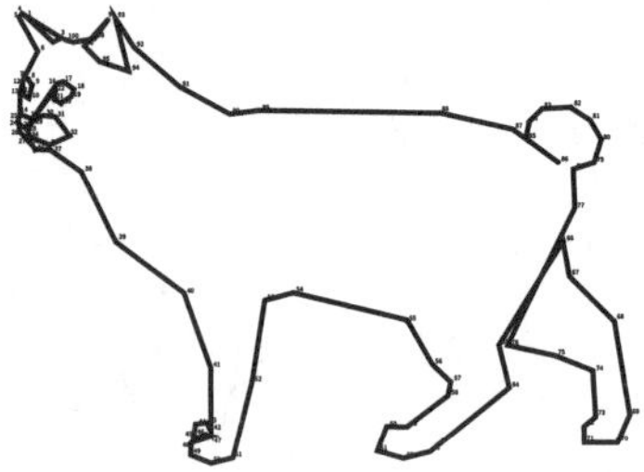

29 메콩밥테일

19세기에 시암의 왕이 러시아 황제 니콜라스 2세에게 준 왕실 고양이로부터 유래되었다.

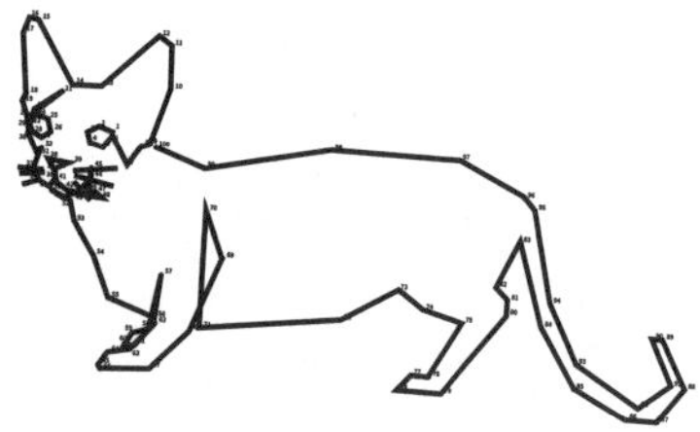

30 밤비노

스핑크스와 먼치킨의 교배종으로서 만들어진 고양이 품종.

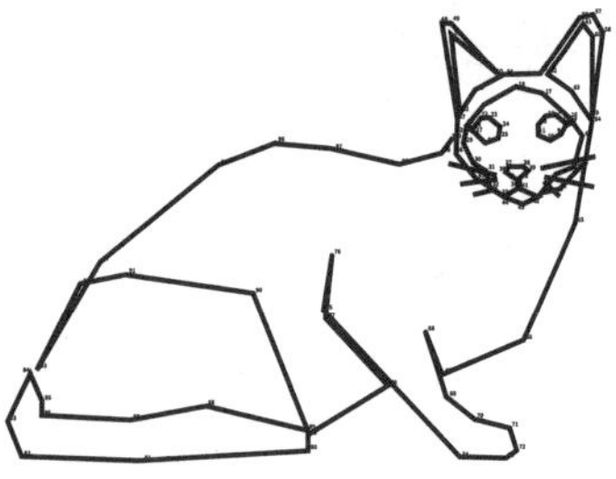

31 샴

시암고양이라고 부르기도 하며, '고양이계의 여왕'으로 불린다. 왕족들만 키울 수 있었다고 전해진다.

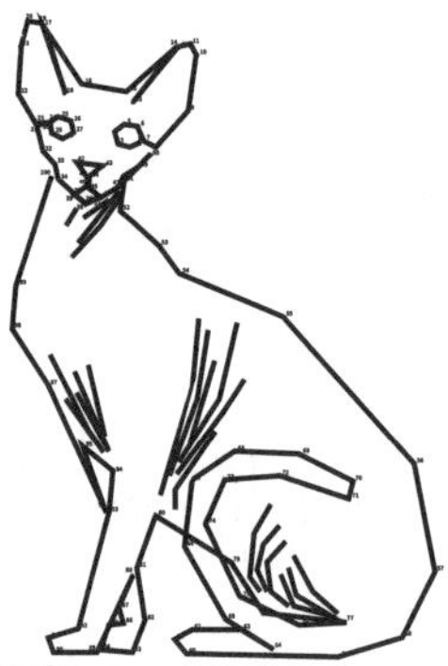

32 스핑크스

털이 없고 가죽만 있는 것처럼 보이는 고양이의 품종.

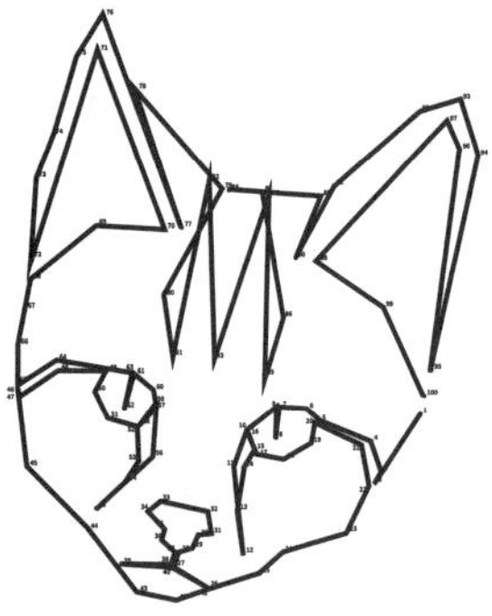

33 사바나

보통 '사바나캣'이라고 불린다. 샴고양이와 서벌을 교배해 만든 품종. 교배가 매우 어려운 희귀 품종. 물을 무서워하지 않으며 좋아한다.

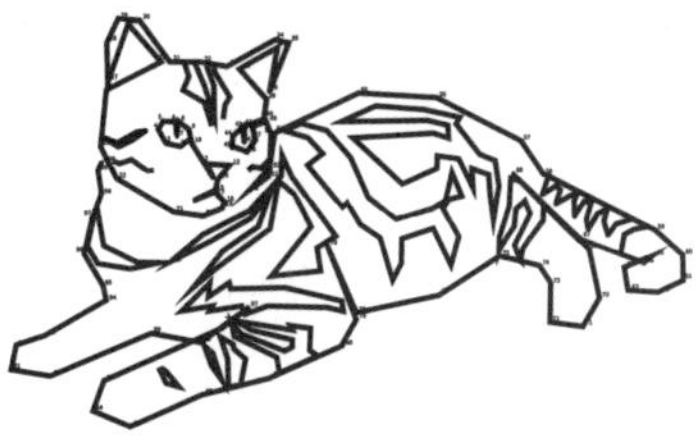

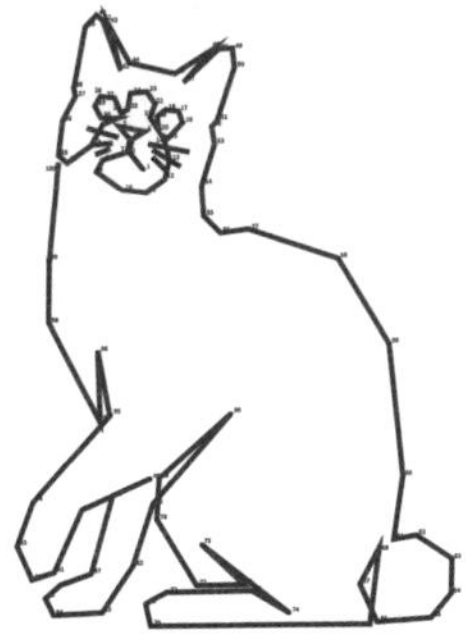

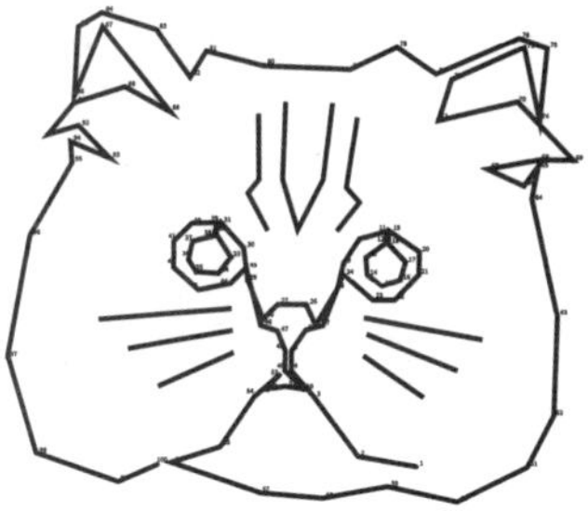

34 아메리칸쇼트헤어

미국에서 매우 인기 있는 품종. 청교도들과 함께 미국으로 건너와 토착고양이와의 교배로 탄생한 것으로 보인다.

35 재패니즈밥테일

일본에서 오래도록 행운을 가져다주는 고양이로 믿어 왔다. 앞발을 흔들며 사람을 부르는 형태의 고양이 장식물인 "마네키네코"의 모델이다.

36 페르시안

현재의 이란에서 유래된 것으로 보인다. 17세기 초, 유럽 국가로 전해지면서 귀부인들 사이에서 인기가 많았다. 털이 길고 풍성한 것이 매력 포인트.

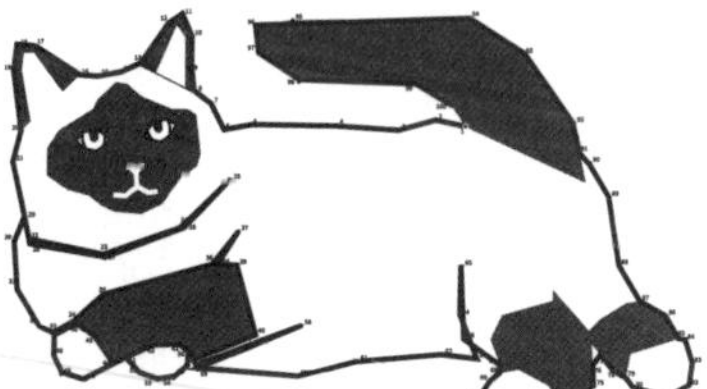

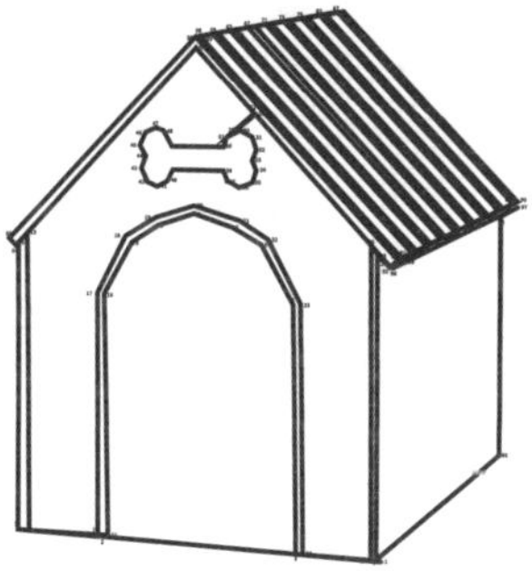

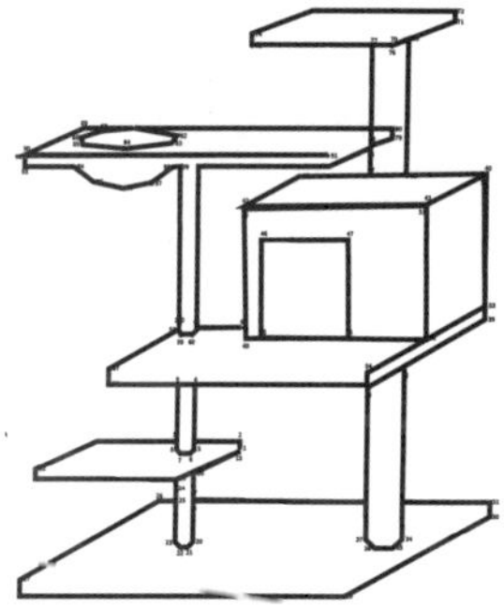

37 버만

사원에서 승려들과 함께 지내며 신성시되던 고양이. 샴과 매우 닮았으나 그보다 색이 진하다.

38 강아지 집

강아지집은 외부 환경으로부터 반려견을 보호하는 안전한 은신처로서, 심리적 안정감을 높이는 개인 영역의 기능을 제공합니다.

39 캣타워

캣타워는 고양이의 수직이동 본능과 높은 곳을 선호하는 취향을 충족시켜 주는 구조물로 운동 공간 및 심리적 안정감을 주는 개인 영역의 기능을 제공합니다.